Erzgebirgsflora im Portrait

Heimische Pflanzen – ihre Bedeutung und Verwendung

Erzgebirgsflora im Portrait

Heimische Pflanzen - ihre Bedeutung und Verwendung

Meinen Eltern und Großeltern.

Kay Meister

Inhalt

Vorwort

Das Erzgebirge beherbergt eine Vielzahl unterschiedlichster Lebensräume. Sie sind Heimat zahlreicher Pflanzenarten, die den typischen Mittelgebirgscharakter dieses einzigartigen Naturraumes prägen. Die volkskundliche Bedeutung mancher Elemente der heimischen Vegetation, die sich in einer vielfältigen Verwendung durch die Bevölkerung ausdrückte, ist heute im Erzgebirge vielfach in Vergessenheit geraten. Dabei spielten Pflanzen in früherer Zeit sowohl im täglichen Leben, in der Volksmedizin als auch im Brauchtum der Erzgebirger eine besondere Rolle. Hinweise in diese Richtung liefern beispielsweise die volkstümlichen Pflanzennamen. Es lohnt sich also, das uns umgebende floristische Leben etwas näher unter die Lupe zu nehmen.

Der Fluss Flöha teilt das Erzgebirge in einen östlichen und einen westlichen Teil. Von Nordwesten steigt das Pultschollengebirge sanft an, während der Südostrand auf tschechischer Seite bedeutend steiler ausfällt. Das Klima prägen hohe Niederschläge (Stauregen) und kühle Temperaturen, was in Verbindung mit vulkanischem Gestein zu einem sauren und nährstoffarmen Boden (Podsol) führt. Die geringe Verdunstung begünstigt Hochmoorbildung. Tiefe Täler, runde Bergkuppen und Hochflächen formen ein typisches Mittelgebirgsrelief mit großen Wetterunterschieden. Naturnahe Waldgesellschaften mit Buchen-Tannen-Bergfichtenwald-Charakter dominieren in der natürlichen Vegetation. Daneben existieren heute Wiesen, Weide-, Acker- und Forstflächen, letztere hauptsächlich in Form von Fichtenmonokulturen. Vor allem unterhalb einer Grenze von 700 Höhenmetern ebenso wie in hochgelegenen Tälern beherrscht die Landwirtschaft das Bild.

Der Mensch besiedelte das Erzgebirge erstmals im 12. Jahrhundert und legte Waldhufendörfer an. In diesen waren die Gebäude entlang eines Bachlaufes oder Weges angeordnet, wobei sich dahinter, am Berghang, die Wirtschaftsfläche befand. Die Menschen lernten die typischen Pflanzenarten der neuen Heimat rasch kennen und verstanden sie zu nutzen. So besteht seit jenen Tagen zwischen ihnen und der erzgebirgischen Pflanzenwelt eine enge Bindung, die erst jetzt, im Zeitalter der Industrialisierung, abzureißen droht.

So besitzen viele im Erzgebirge heimische Pflanzen Bedeutung als Heilkräuter. Schon im ersten Jahrhundert n. Chr. erwähnte der Grieche DIOSKURIDES die heilsamen Kräfte der Pflanzen. Über Jahrhunderte hinweg war die Phytomedizin wichtiger Bestandteil der Heilkunde. Mit zunehmender Entfernung des Menschen von der Natur ersetzen auch verstärkt chemische Präparate pflanzliche Heilmittel. Der deutsche Pfarrer Sebastian KNEIPP (1821-1897) entdeckte das alte Kräuterwissen im letzten Jahrhundert neu. Seitdem ist die Pflanzenwelt von Deutschland grundlegend erforscht und ihr potentielles Verwendungsspektrum untersucht worden. Manche Wirkung konnte durch die Wissenschaft belegt, selten jedoch nachgeahmt werden, da oft das Zusammenspiel der verschiedenen Inhaltsstoffe maßgeblich ist.

Auch über die Anwendung in der Volksheilkunde hinaus besitzen die erzgebirgischen Pflanzen eine weitreichende Bedeutung. Manche sind Vorfahren unserer heutigen Kulturpflanzen oder finden bzw. fanden als technische Nutzpflanzen Anwendung. In Epochen, als dem Menschen noch keine Rohstoffe und Verfahren zur Erzeugung synthetischer Werkstoffe zur Verfügung standen, bildeten die pflanzlichen Rohstoffe (neben den tierischen) und die aus ihnen erzeugten Produkte die primäre Quelle für praktisch alle Materialien des täglichen Lebens. Im Naturhaushalt besetzt jede Pflanzenart eine spezifische Nische. Sie ist Teil eines komplizierten Systems von Wechselwirkungen, welches die Ökosysteme im Gleichgewicht hält. Dies macht die einzelnen Pflanzenarten im Kreislauf der Natur unersetzlich. Pflanzen als Produzenten dienen beispielsweise einem Heer von Tieren als Nahrungsgrundlage, sind aber selbst zur Fortpflanzung oft auf tierische Bestäuber angewiesen. Sie fungieren als wichtige Einflussgrößen auf die Stabilität der Nahrungsketten. Nicht zuletzt sind die Pflanzen auch als Sauerstoffproduzenten für den Menschen überlebensnotwendig.

Die volkstümliche Phytomedizin kennt grundsätzlich verschiedene Anwendungsformen, die je nach Pflanzenart und Krankheitsbild variieren. Die Häufigste ist das getrocknete Kraut als Arzneitee. Die Pflanzen können selbst gesammelt, im Garten angebaut oder in Kräuterhandlungen und Apotheken erworben werden. Beim Selbstsammeln sollte darauf geachtet werden, dass der Sammelort sich nicht in Zivilisationsnähe, an Straßen oder auf landwirtschaftlichen Flächen befindet, da sonst die Schadstoffbelastung zu hoch ist. Grundsätzlich besteht bei Wildsammlung immer die Möglichkeit einer Kontamination des Pflanzenmaterials mit schädlichen Stoffen oder Krankheitskeimen, beispielsweise Bandwurmeiern oder toxischen Pilzen, sodass ein Anbau im Garten zu empfehlen ist. Bei der Verwendung wildwachsender Pflanzen ist es unerlässlich, sich vor der Ernte mit der jeweiligen Pflanzenart genau vertraut zu machen, um folgenschwere Verwechslungen mit Giftpflanzen zu vermeiden. Eine genaue Kenntnis der gesammelten Pflanzen – dies schließt das Studium mehrerer Nachschlagewerke ein – ist aber dringend notwendig, um Heilpflanzen aus der Natur direkt anzuwenden. Der Laie übersieht leider allzu oft, dass man sich auch mit Pflanzen bei ungenügender Sachkenntnis großen Schaden zufügen kann. Schließlich ist ein behutsamer Umgang mit der Natur bei ihrer Nutzung selbstverständlich, auch wenn die in diesem Buch vorgestellten erzgebirgischen Pflanzenarten nicht ausdrücklich geschützt sind.

Die vorliegenden Steckbriefe der einzelnen Pflanzen repräsentieren das Ergebnis der Sammlung von Wissenswertem zu den einzelnen Arten sowie die Beobachtung der erzgebirgischen Natur über mehrere Jahre hinweg. Entscheidenden Einfluss auf das Buch hatten auch die Heilpflanzen-Vorlesungen von Hochschuldozentin Dr. Helga DIETRICH und die botanischen Lehrveranstaltungen von Dr. Hans-Joachim ZÜNDORF an der Friedrich-Schiller-Universität Jena, denen an dieser Stelle herzlich gedankt sei. Weiterhin danke ich Herrn Dipl.-Biol. Stefan OTTO und Frau M.A. Ines MÜLLER für kritische Kommentare zum Text. Ganz besonderer Dank gebührt meiner lieben Frau Marit für Ihre Geduld und Unterstützung.

Während in fast allen auf dem Markt befindlichen Pflanzenbüchern die Arten ohne regionalen Gesichtspunkt vorgestellt werden, soll in der Erzgebirgsflora der Bezug zum Naturraum und zur Volkskunde des Erzgebirges herausgearbeitet werden. Zum leichteren Verständnis der einzelnen Pflanzenportraits wurde zudem noch ein Glossar angehängt, welches die wichtigsten botanischen, chemischen und medizinischen Fachbegriffe erläutert.

Der Verfasser war bemüht, bei den einzelnen Pflanzen stets auf eventuelle Gefährdungspotentiale hinzuweisen. In der Regel steht eine Giftigkeit in höherer Dosis oder Benutzung über einen längeren Zeitraum einer Heilwirkung der Pflanze in sachgemäßer Anwendung gegenüber. Auch wurden wiederholt Studien über die vermeintliche Giftigkeit früher als harmlos eingestufter Arten veröffentlicht. Dies verdeutlicht, dass der aktuelle Kenntnisstand sich rasch ändern kann. Deshalb muss die Anwendung der vorgestellten Pflanzenarten in den aufgezeigten Verwendungsmöglichkeiten, ähnlich wie beim Pilzsammler, stets vom Leser in eigener Verantwortung getragen werden. Dies ist nicht zuletzt deshalb notwendig, da alle beschriebenen Wirkungen vom Verfasser selbstverständlich nicht getestet werden konnten und jeder Mensch auf bestimmte pflanzliche Inhaltsstoffe individuell reagiert. So können insbesondere Allergien nicht vorhergesagt werden. Für Angaben über Dosieranweisungen und Applikationsformen kann vom Autor keine Gewähr übernommen werden. Derartige Angaben müssen vom jeweiligen Anwender im Einzelfall anhand anderer Literaturstellen auf ihre Richtigkeit überprüft werden. Allgemein ist vor einer Selbstmedikamentation bei ernsten und länger andauernden Krankheiten zu warnen. Die meisten Pflanzen dürfen zudem bei bestimmten Erkrankungen nicht angewendet werden und eignen sich auch nicht zum Dauergebrauch. Hier sollte stets ärztliche Hilfe in Anspruch genommen werden, denn nur der Arzt ist zu einer genauen Diagnose und darauf abgestimmten Therapie in der Lage.

Leider wird die heimische Pflanzenwelt in zunehmendem Maße durch die Aktivitäten der menschlichen Zivilisation in Mitleidenschaft gezogen. Ein dramatisches Beispiel zeigt das Waldsterben, das besonders im Erzgebirge erhebliche Ausmaße angenommen hat. Die jüngsten Jahre jedoch lassen im Zusammenhang mit naturnaher Waldwirtschaft, zum Beispiel Mischwäldern, eine leichte Entspannung der Lage erkennen. Aber schon tauchen neue Gefahren wie die Abgase des Straßenverkehrs oder der ungebremste Flächenverbrauch auf. Nur eine gute Kenntnis der Welt der Pflanzen kann Grundlage einer neuen Beziehung zu unserer Umwelt sein. Dazu sollen auch die hier vorgestellten Pflanzenportraits beitragen.

Rübenau im Mai 2007
Der Verfasser

Kulturfolger aus der Urzeit besteht aus reinem Sand.

Unterirdische Sprosse des Ackerschachtelhalms dringen metertief in den Boden ein. Die Pflanze wurde früher zum Putzen von Zinngeschirr benutzt.

Pflanzen aus der Familie der Schachtelhalmgewächse haben in früher erdgeschichtlicher Zeit (vor über 400 Millionen Jahren) Wälder von großer Ausdehnung gebildet. Diese urtümliche Herkunft kann an ihnen noch heute abgelesen werden. So gehören sie zu den sogenannten Sporenpflanzen, welche den heutigen Samenpflanzen in den Ökosystemen der Erde an Konkurrenz weit unterlegen sind und deshalb auch im Naturhaushalt des Erzgebirges nur noch kleine Nischen besetzen. Die Sporen des Ackerschachtelhalms *(Equisetum arvense)* werden in speziellen Behältern an der Ähre des rötlichbraunen und unverzweigten Sporulationssprosses gebildet. Er erscheint im Erzgebirge bald nach der Schneeschmelze. Im Mai wachsen dann die grünen Sommertriebe. Die Sporen sind mit vier winzigen Bändern versehen, die sie untereinander verketten und die sich zur Ausbreitung bei Feuchtigkeit dehnen. Am Boden keimen die Sporen zu kleinen, schwer aufzufindenden Vorkeimen heran. Sie sind entweder männlich oder weiblich und bilden nach Befruchtung der Geschlechtszellen wieder den auffälligen Schachtelhalm. Durch unterirdisch bis in zwei bis sechs Metern Tiefe kriechende, rötlich bis schwarze Sprossachsen erfolgt zusätzlich eine reichliche vegetative Vermehrung. An den Erdsprossen befinden sich knollig verdickte, stärkereiche Speicherorgane, die zur Überdauerung der kalten Jahreszeit dienen.

Der Ackerschachtelhalm besiedelt offene, nährstoffreiche Böden im Erzgebirge an verkrauteten Stellen, Wegrändern, auf Wiesen oder auf Ödland. Er gilt als Licht- bis Halbschattenpflanze sowie Lehm- und Grundfeuchtezeiger. Ursprünglich war der Ackerschachtelhalm hauptsächlich an feuchten Ufern, feinerdebedeckten Lücken im Weidesaum und grundwasserfeuchten Flussauen vertreten, hat sich aber in Anpassung an den Menschen als Kulturfolger vor allem auf Äckern ausgebreitet. Er tritt als Rohbodenpionier auf und stabilisiert als einer der ersten Besiedler nackten Boden. Von den Gebirgen der warmen Zone bis weit in die Arktis ist die robuste Pflanze heimisch.

Der gesamte Vegetationskörper des Ackerschachtelhalmes wird von weiten Durchlüftungskanälen durchzogen, zeigt aber trotzdem relativ große Festigkeit. Dies ist auf den hohen Gehalt an Kieselsäure (bis zu 16 %) zurückzuführen. Besonders in die krautigen Hauptsprosse sind Kieselsäurekristalle eingelagert, die reinem Sand entsprechen. Aufgrund dessen wurde der Ackerschachtelhalm in früherer Zeit im Erzgebirge zum Putzen von Zinngeräten sowie zum Polieren von Holz und Horn benutzt, woraus sich der Name „Zinnkraut“ ableitet. Weitere Volksnamen der Pflanze lauten: „Reibwisch“, „Scheuergras“, „Kannenkraut“ oder „Katzenwedel“. Die Bezeichnung „Schachtelhalm“ drückt die Besonderheit der Pflanze aus, dass ihre hohlen Sprossteile aus der Blattscheide herausziehbar und baukastenartig wieder zusammensteckbar sind. Der lateinische Name *Equisetum* wird mit „Rosshaar“ übersetzt. Gerade jedoch bei Pferden soll ein größerer Anteil Schachtelhalm im Heu zu Vergiftungen führen können. Im Garten kommt eine Spritzbrühe des Schachtelhalmkrautes gegen Pilzbefall und Milben an Kulturpflanzen und im Boden zum Einsatz. In der kosmetischen Industrie finden Schachtelhalmprodukte zur Stärkung der Bindehaut und der Haare Verwendung.

Der Mensch nutzt den Ackerschachtelhalm schon seit Jahrhunderten als Heilpflanze, auch wenn in der Geschichte seine pharmazeutische Bedeutung unterschiedlich bewertet wurde. Anwendungen der Pflanze finden sich erstmals bei den Römern und Griechen aufgezeichnet. KNEIPP führte das Kraut, nachdem es zwischenzeitlich in Vergessenheit geraten war, wieder zu neuer Bedeutung. Der Ackerschachtelhalm enthält hohe Mengen an Mineralstoffen, vor allem Kalium- und Aluminiumverbindungen sowie Saponine, Flavonglykoside und Spuren der Alkaloide Nikotin und Equisetin. Äußerlich kommt er in Form von Kräuterumschlägen und Vollbädern zur Anwendung. Er dient der Reinigung von Wunden und soll die Wundheilung fördern. Zudem wird die Abkochung des Ackerschachtelhalmes innerlich gegen bakterielle, entzündliche Erkrankungen der Harnwege eingesetzt. Bis auf einen schwach harntreibenden Effekt ist die Wirksamkeit des Schachtelhalmes schulmedizinisch nicht belegt. Gesammelt wird der bis 40 Zentimeter hohe, grüne Sommerspross des Ackerschachtelhalmes in den Monaten Juni bis September. Nicht eingesetzt werden sollte er bei Ödemen infolge eingeschränkter Herz- oder Nierentätigkeit sowie bei Kindern und Säuglingen. Auf eine ausreichende Flüssigkeitszufuhr während der Anwendung ist zu achten und auch alkohol- und koffeinhaltige Getränke sollten gemieden werden. Zu pharmazeutischen Zwecken wird der Ackerschachtelhalm hauptsächlich aus China importiert.

Die Pflanze besitzt einen reich verzweigten Sprossaufbau, den vor allem die quirlständigen, einfachen und gegliederten Äste kennzeichnen. Sowohl beim Sporulationsspross als auch bei der grünen Pflanze sind die Blätter reduziert und zu Scheiden verwachsen. Bei letzterer übernehmen deshalb die Sprossachsen die Photosynthese. Alle verwandten, im Erzgebirge heimischen Schachtelhalmarten werden nicht verwendet. Einige sind schwach oder sogar stark giftig (Sumpfschachtelhalm). Um Verwechslungen zu vermeiden, sollten nur typische Standorte zur Sammlung dienen, niemals jedoch Wälder, Sümpfe oder feuchte Wiesen. Grundsätzlich bei Heilkräutern – und besonders trifft dies im Falle des Schachtelhalmes zu – ist eine fundierte Artenkenntnis für die Wildsammlung unentbehrlich.

Ackerschachtelhalm

Ackerwildkraut wurde zur beliebten Zierpflanze.

Das Ackerstiefmütterchen bevorzugt nährstoffreichen Boden. Umschläge aus dem Kraut bekämpfen Hautkrankheiten.

Die meisten heute im Erzgebirge angebauten Nutz- und Zierpflanzen stammen nicht von Wildpflanzen unseres Naturraumes ab. Ein Ackerwildkraut jedoch, das Stiefmütterchen *(Viola tricolor)*, hat sich zu einer der beliebtesten und meistkultivierten Blütenpflanzen in den Gärten und Parks entwickelt. Stiefmütterchen zählen zu den anspruchslosesten Zierpflanzen überhaupt. Dabei dienten zur Zucht der großen farbigen Kultursorten verschiedene Unterarten des Wildstiefmütterchens, das zur Familie der Veilchengewächse gehört. Ebenso wie die Zuchtvariante weisen alle Wildformen strichförmige Saftmale auf den Blütenblättern auf, die durch übereinanderliegende Pigmente zustande kommen. Erreichen die Blüten der Wildform Größen von maximal zwei Zentimetern und duften nur schwach, entstanden durch die Zuchtbemühungen Formen mit wahren Riesenblüten und ausgeprägtem Duft.

Der Name „Stiefmütterchen" ist vermutlich schon über 400 Jahre alt. Eine Deutung führt ihn auf die Färbung und Größe der Blütenblätter zurück. Danach gleicht das große Blatt der Stiefmutter. Die zwei ebenso gefärbten Seitlichen entsprechen den echten Töchtern, während die ungleichfarbigen oberen Blätter die Stieftöchter darstellen sollen. *Viola* entstammt dem griechischen Wort *ion* für „Duftende Blumen", *tricolor* bedeutet dreifarbig. In den Stiefmütterchenblüten werden große Mengen Nektar gebildet, der sich in einem langen Sporn am unteren Blütenblatt sammelt. Trotz dieser Einrichtung gilt Insektenbesuch, vor allem durch Bienen und bienenverwandte Arten, als selten. Die Fortpflanzung wird meist über Selbstbestäubung realisiert. Das Stiefmütterchen besitzt unzählige Volksnamen, darunter „Tag"- und „Nachtblümlein", „Dreifaltigkeitskraut", „Denkblümchen", „Schöngesicht" und „Frauenschuhlein". Im 19. Jahrhundert sandten sich Verliebte Stiefmütterchenbouquets als Symbol ihrer Treue zu.

In gleicher Weise wie die Zuchtgeschichte reicht auch die Benutzung des Ackerstiefmütterchens als Heilpflanze weit zurück. Schon in den Kräuterbüchern des 16. Jahrhunderts wurde es erwähnt und trug den Namen „Freysamkraut", was mit „Kraut gegen epileptische Anfälle" übersetzt werden kann. Das Stiefmütterchen, es blüht von Mai bis September, enthält neben den Vitaminen C und E Flavonoide, Gerb- und Schleimstoffe sowie Salizylsäure. Es findet sich, kalt angesetzt, als Bestandteil in Blutreinigungstees und Umschlägen gegen zahlreiche Hautkrankheiten. Zu pharmazeutischen Zwecken wird die Pflanze hauptsächlich aus Holland importiert. Der Aufguss aus dem blühenden Kraut soll harntreibend, fiebersenkend und auswurffördernd wirken. Deshalb wird er bei Atemwegserkrankungen, Harnbeschwerden und bei Blasenkatarrh eingesetzt. Insgesamt schreibt man der Anwendung einen günstigen Einfluss auf den menschlichen Stoffwechsel und – äußerlich angewendet – Heilwirkung bei Gicht zu. Von einer Einnahme größerer Mengen (z.B. mehr als zwei Tassen pro Tag) oder über einen längeren Zeitraum ist generell abzuraten, da das Kraut bei empfindlichen Personen Übelkeit, Erbrechen und Hautprobleme hervorrufen kann. Dies wird auf die in der Pflanze enthaltenen Cumarine zurückgeführt, welche sich zum Beispiel auch im Waldmeister finden. Das Gartenstiefmütterchen ist für pharmazeutische Zwecke nicht geeignet.

Den zahlreichen im Erzgebirge heimischen Unterarten sind die kahlen, meist vierkantigen Stengel sowie die wechselständigen, eiförmigen bis lanzettlichen und am Rande gekerbten Blätter mit den zwei großen, fiederschnittigen Nebenblättern gemeinsam. Einige Unterarten der Gattung *Viola* gehören zu den geschützten Pflanzen Sachsens und dürfen dementsprechend nicht gesammelt werden. Das Ackerstiefmütterchen kann als ausgesprochener Kulturbegleiter betrachtet werden, nicht zuletzt da es sich auf nährstoffreichen Böden sehr gut entwickelt. Es bevorzugt menschlich beeinflusste Lebensräume wie Schotterfluren, Brachland und Wegränder sowie als Getreidebegleiter vor allem Stoppelfelder und Hackkulturen in der Landwirtschaft. Mit seinen langgestielten Blüten überragt das normalerweise bis 30 Zentimeter hohe, aufsteigende Kraut zuweilen die jungen Kulturpflanzen. Allgemein ist das Ackerstiefmütterchen vorrangig in Mittelgebirgslagen, wie denen des Erzgebirges, zu finden, steigt aber auch bis in Höhen von über 2500 Metern über dem Meeresspiegel. Weitere typische Standorte der Pflanze sind die erzgebirgischen Bergwiesen sowie Sandtrockenrasen.

Ursprünglich in Europa, Westsibirien, Vorderasien und Nordamerika beheimatet wurde das Stiefmütterchen vom Menschen inzwischen weltweit verbreitet. Das sommeranuelle, von Frühling bis Herbst gedeihende Kraut besitzt bis zu 45 Zentimeter tief reichende Wurzeln. Die Samen werden durch einen Austrocknungs-Streumechanismus maximal zweieinhalb Meter weit ausgebreitet oder durch Ameisen verschleppt. Die Tiere fressen das ölreiche Anhängsel (Elaiosom) des Stiefmütterchensamens, der als Lichtkeimer gilt. Die Pflanze ist bei der Erzeugung der Samen ausgesprochen produktiv: 1500 bis 2000 Samenkörner wiegen ein Gramm.

Ackerstiefmütterchen

Würzkraut lebt in Nähe erzgebirgischer Siedlungen.

Der Beifuß produziert hunderttausende Früchte. Das Aromatikum gilt als eine der ältesten genutzten Heilpflanzen des Erzgebirgsraums.

Manche erzgebirgische Pflanzenart trifft man besonders oft auf Standorten in direkter Nähe zu menschlichen Siedlungen an. Viele Vertreter dieser „Kulturfolger“ lieferten früher regional bedeutsame Heilpflanzen, so zum Beispiel der Gemeine Beifuß *(Arthemisia vulgaris)*. Die sehr formenreiche Art besiedelt sonnige Habitate, oft Ruderalstellen wie Schuttplätze, Bahndämme, Böschungen oder Brachflächen, nicht selten auch Viehweiden und Wegränder. Häufig findet sich der allgemein als anspruchslos geltende Beifuß aber besonders im Erzgebirge auf nitratreichem

Ödland in den Dörfern, da er die sauren Böden des Umlandes meidet. Schwerpunkte des Beifußvorkommens stellen allgemein das Tiefland und die Mittelgebirge dar. Die Pflanze ist in ganz Eurasien heimisch, als Verbreitungszentrum der Gattung gelten vor allem die Graslandschaften Russlands. Ihr gehören ungefähr 200 Arten an. Viele davon sind typische Steppenpflanzen. In Nordamerika wurde der Gemeine Beifuß durch den Menschen eingebürgert.

Der Beifuß kann als eine der ältesten Heilpflanzen des Erzgebirges betrachtet werden. Schon in den Kulturen der Steinzeit wurde das Kraut als Grabbeigabe verwendet. Im Altertum schätzte man die Pflanze als Mittel zur Bekämpfung von Frauenleiden. Davon leitet sich wohl der wissenschaftliche Artname ab: *Arthemis* hieß eine griechische Göttin (die Beschützerin der Gebärenden). Aber auch in der germanischen Mythologie besaß der Beifuß einen hohen Stellenwert. Die fränkischen Siedler im Erzgebirgsraum brachten sicherlich das Wissen um die Bedeutung der Heilpflanze in das Erzgebirge mit. Das Kraut enthält hohe Mengen ätherischen Öls, Gerb-, Bitterstoffe und Schleime. Den Inhaltsstoffen wird eine durchblutungsfördernde, krampflösende und schweißtreibende Wirkung zugeschrieben. Auch gegen Darmparasiten, bei Beschwerden des Magen-Darm-Traktes sowie bei Nervosität und Schlafstörungen wird Beifuß eingesetzt. Jedoch ist die Wirksamkeit in den Anwendungsgebieten durch die Schulmedizin nicht belegt. Für die Heilanwendung sammelt man das stark verzweigte Kraut gegen Ende der Blühperiode und trocknet es in Bündeln auf einer Leine.

Bei den Erzgebirgern bekannter ist wohl die Anwendung des Beifußes als Aromatikum. Die Pflanze besitzt einen würzigen, bitteren und frisch-scharfen Geschmack. Als Würzmittel für Fleischgerichte, zum Beispiel dem traditionellen Weihnachtsbraten, wird der Beifuß bei Blühbeginn geerntet. Richtig eingesetzt soll er Appetitlosigkeit vertreiben und die Bildung von Magensaft und Gallenflüssigkeit fördern. Für die Gewürzindustrie wird das Kraut hauptsächlich aus Osteuropa importiert. Es gelangt auch als Bestandteil in viele erzgebirgische Magenbitter. Größere Mengen Beifußkraut, sei es in der Heilanwendung oder als Würze, wirken jedoch giftig! Besonders während der Schwangerschaft ist von einer Verwendung abzuraten, da die Inhaltsstoffe Frühgeburten auslösen können. Auch Allergiker sollten vorsichtig sein. Immerhin meidet selbst das Weidevieh den Beifuß, wofür aber eher der unangenehme Geruch der Pflanze verantwortlich sein dürfte.

Der Gemeine Beifuß darf nicht mit dem verwandten Wermut *(Artemisia absinthium)* verwechselt werden. Dessen Blätter sind beiderseits seidig-filzig, im Gegensatz zu den oberseits meist kahlen, dunkelgrünen Blättern des Gemeinen Beifußes. Letztere erreichen Längen von bis zu zehn Zentimetern und sind am Rand oft etwas eingerollt. Der in der Wirkung an sich ähnliche Wermut führt jedoch in Verbindung mit Alkohol (zum Beispiel als Absinthschnaps) aufgrund seiner Inhaltsstoffe (v.a. Thujon) zu starkem körperlichen und seelischen Verfall. Seine Anwendung wurde schon in den 20er Jahren des letzten Jahrhunderts in Deutschland verboten. Durch Zuchterfolge der jüngsten Zeit, durch welche thujonarme Sorten entstanden, ist Absinthschnaps inzwischen wieder in vielen Ländern der EU zugelassen worden.

Im Erzgebirge blüht der bis zweieinhalb Meter Wuchshöhe erreichende Beifuß je nach Standort in der Zeit zwischen Juli und September. Er entwickelt zahlreiche kleine Blütenstände, aus denen an einer Pflanze bis zu 700 000 Früchte entstehen können. Sie sind Lichtkeimer. Den unscheinbaren Blütenköpfchen sieht man die Zugehörigkeit der Pflanze zur Familie der Korbblütengewächse nicht auf den ersten Blick an. Doch ist sie mit solch großblütigen Arten wie der Sonnenblume oder der im Erzgebirge noch stellenweise vorkommenden, seltenen Arnika verwandt. Aufgrund der enormen Blühleistung gilt Beifuß heute als einer der bedeutendsten Heuschnupfenerreger. Der Beifuß setzt aber nicht nur auf geschlechtliche Fortpflanzung, er bildet zudem zahlreiche Ausläufer aus. Bevor im Frühjahr eine neue Generation Sprosse daraus entspringt, sterben alljährlich die kantigen Stengel der ausdauernden Pflanze im Winter ab. Wenn sie nicht schon vorher, wie früher im Erzgebirge Brauchtum, gesammelt werden und als Bündel oder im Sack zum Vertreiben der Fliegen in den Stuben aufgehängt werden. Im Schrank dienen Beifußruten zur Bekämpfung von Motten.

Beifuß

Injektionsnadel hält Fraßfeinde auf Distanz.

Die Brennnessel ernährt verschiedene Schmetterlingsarten. Der Pflanzensaft gilt als Stärkungsmittel im Frühling.

Ein jeder hat wohl die Wirkung der Brennnessel, welche überall in großen Mengen auf Schuttplätzen, an Wegrändern, Ufern der Gewässer und feuchten Stellen in den Wäldern des Erzgebirges vorkommt, schon einmal gespürt. Als sogenannte Ruderalpflanze findet man sie oft in der Nähe menschlicher Behausungen, zum Beispiel an Gartenzäunen. Die anspruchslose Pflanze zählt zu den bekanntesten Wildpflanzen. Ihr deutscher Name nimmt auf einen sehr effektiven Abwehrmechanismus gegen Fraßfeinde Bezug und auch der lateinische Gattungsname kann auf *urere*, was brennen bedeutet, zurückgeführt werden. Glasartige Brennhaare sind in großer Zahl über die Blätter und Stengel verteilt und brechen bei Berührung leicht ab. Dann geben sie ihren haut- und nervenreizenden Inhalt ähnlich einer Injektionsnadel in die Haut des „Angreifers" ab. Das Sekret ist biologisch hoch aktiv, es genügt schon ein millionstel Gramm um den Effekt (eine Reizung der Haut) zu erzielen. So war denn auch das Peitschen des Rückens mit Brennnessel-Sprossen in früheren Tagen ein gebräuchliches erzgebirgisches Hausmittel gegen Hexenschuss.

Die Brennnessel wurde schon im Griechenland des Altertums als Heilpflanze geschätzt, ebenso wie sie in den Kräuterbüchern des 16. und 17. Jahrhunderts Erwähnung fand. Die grünen Teile der Pflanze sind sehr vitaminreich, enthalten große Mengen Chlorophyll, weiterhin Pflanzensäuren und Mineralstoffe. Die Brennnessel soll eine allgemein anregende Wirkung auf Stoffwechsel und den gesamten Organismus besitzen. Dem Tee wird eine schwach harntreibende Wirkung zugeschrieben, er kommt gegen Gicht und Rheuma zum Einsatz. Durch eine vermehrte Ausschwemmung von Chloriden und Harnstoff soll es zur Entschlackung und Entgiftung des Körpers kommen. Für die Trocknung sammelt man die oberirdischen Teile in den Monaten April bis Juni und breitet sie in lockerer Schicht bei bis zu 40°C an einem schattigen Ort aus.

Aufgrund seines hohen Vitamingehaltes (vor allem Vitamin C und A) ist der frische Presssaft aus der Pflanze als Stärkungsmittel innerhalb einer Frühjahrskur und zur Blutreinigung gebräuchlich. Zu seiner Bereitung dienen die zarten Blätter junger Brennnesseln, die kaum Brennhaare besitzen. Aus ihnen kann man zudem einen Salat herstellen (gehackt oder mit Marinade vermengt brennen auch ältere Blätter nicht mehr), sie aber auch als Kochgemüse wie Spinat zubereiten. Brennnessel-Zusätze finden sich in zahlreichen Nahrungsmitteln. In alten Büchern zur erzgebirgischen Volksküche findet man häufig noch das Rezept für Brennnesselsuppe. Daneben wird die Nessel bei Hauterkrankungen und Haarausfall eingesetzt. Industriell verarbeitet gelangt das Kraut in Haarwasser und Shampoos, und auch die Pharmaindustrie bietet zahlreiche Brennnessel-Produkte an. Die Früchte der Brennnessel sollen die Legeleistung von Hühnern erhöhen und Pferdefelle glänzen lassen und bereichern in getrocknetem Zustand das Viehfutter.

Beiden weit verbreiteten Arten der Gattung Brennnessel, der Großen Brennnessel *Urtica dioica* sowie ihrer kleinen Schwester *Urtica urens*, wird Heilwirkung zugeschrieben. *Urtica urens* ähnelt *Urtica dioica* in der Gestalt, ist im Gegensatz zu ihr jedoch etwas kleiner und einhäusig.

Das bedeutet, bei dieser Art befinden sich männliche und weibliche Blüten auf ein und derselben Pflanze. Bei der Großen Brennnessel, dies deutet auch ihr lateinischer Name (*dioica* für zweihäusig) an, kommen die Geschlechter auf verschiedene Pflanzen verteilt vor. Ihre Blüten sitzen in unscheinbaren Blütenständen und erscheinen von Juni bis Oktober. Bei Erschütterung „explodieren" ihre Staubblätter und setzen Wolken von Pollen, der durch den Wind verbreitet wird, frei. Beide Brennnesselarten sind leicht an ihrem vierkantigen Stengel, den gesägten herzförmigen Blättern und den in den Blattachseln hängenden Blütenrispen erkennbar. Sie besitzen Rhizome, die bis zu 70 Zentimeter in den Boden vordringen können. Die ursprünglich in der nördlich gemäßigten Zone beheimatete Brennnessel gilt heute als kosmopolitisch, ist also auf der gesamten Erdkugel heimisch. Sie steigt dabei in Höhen bis auf 2500 Meter über dem Meeresspiegel.

Die Brennnessel weist neben ihrer heilkundlichen Verwendbarkeit weitere Qualitäten auf. So gewann man im 18. Jahrhundert zuerst in Frankreich und später in vielen weiteren Gegenden, auch im Erzgebirge, in großen Mengen Fasern aus den Sprossen der Pflanze. Sie wurden zu Nesseltuch und Seilen verarbeitet. Gartenbesitzer schätzen noch heute die Wirkung einer Jauche aus Wasser und Brennnesselpflanzen gegen Blattläuse und andere Pflanzenparasiten sowie als biologischer Dünger. Weit bekannt war unter erzgebirgischen Bauern die Bedeutung der Brennnessel als Stickstoffzeiger im Boden. Sie galt zudem als wertvolle Kompostpflanze. Brennnesseln sind ausdauernd und gedeihen sowohl auf sonnigen wie halbschattigen Standorten, jedoch bevorzugen sie feuchte, humose und nährstoffreiche Böden. Oft bilden die Pflanzen ausgedehnte Bestände mit Wuchshöhen von 60 bis 150 Zentimetern (Große Brennnessel). Auch in ökologischer Hinsicht kommt der Brennnessel eine oft verkannte Bedeutung zu. So repräsentiert sie die Kinderstube einiger unserer im Erzgebirge heimischen Schmetterlingsarten, zum Beispiel des Tagpfauenauges.

Brennnessel

Vitaminreiches Heckengestrüpp war schon im Altertum begehrt.

Die stacheligen Zweige der Brombeere schützen manches Vogelnest vor Räubern. Das fermentierte Laub wird als Ersatz für schwarzen Tee benutzt.

Natürliche Hecken, die unterschiedliche Bestandteile unserer Landschaft miteinander verbinden, gelten als bedeutsame Rückzugsräume vieler seltener Tier- und Pflanzenarten. Im Erzgebirge bestehen solche Strukturen oft aus dichtem, undurchdringlichem Brombeergebüsch. Die Sträucher bieten zahlreichen Vögeln geeigneten Nistplatz und sicheren Unterschlupf. Über ihren Verdauungsweg tragen Tiere, neben Singvögeln beispielsweise auch Schnecken, wiederum zur Verbreitung der Brombeere *(Rubus fruticosus)* bei. Brombeersträucher sind deshalb ebenso häufig außerhalb der Hecken auf Schlägen und Heiden sowie an Böschungen, Wegrändern und Waldsäumen zu finden. Hier bevorzugt die schnellwachsende Pflanze ein luftfeuchtes Klima und kalkarmen Boden – typische Standortfaktoren, wie sie das Erzgebirge bietet. Obwohl der Brombeerstrauch vorrangig stickstoffreiches Substrat besiedelt, kann man die Pflanze auch auf humusarmem und steinigem Untergrund antreffen. Die Brombeere ist in ganz Europa und in Teilen Asiens heimisch. Archäologische Funde belegen, dass ihre Früchte schon in der Jungsteinzeit gesammelt und gegessen wurden. Sie legen ein Zeugnis für die schon früh erkannte und vielfältige Nutzung der Brombeere im Leben des Menschen ab. Griechische Schriften erwähnen die Brombeere ebenso wie die Kräuterbücher des Mittelalters.

Brombeerfrüchte, im Erzgebirge vielfach Kratzbeeren genannt, enthalten große Mengen an Vitaminen (vor allem A und C), Traubenzucker, Fruchtsäuren sowie Mineralstoffen. Sie werden zur Reife im Spätsommer gesammelt und können zu Marmelade, Likör, Soße oder in Kuchen verarbeitet, aber auch natürlich frisch gegessen werden. Die Blätter der Brombeere galten schon im Altertum als Heilmittel. Gesammelt werden bevorzugt die jungen Triebspitzen. Ab Juli erfolgt die Blatternte von den zweiten Trieben des Jahres. Dem Gehalt an Gerbstoffen, organischen Säuren, Pektin und einem speziellen Zucker (Inosit) wird in der Volksheilkunde die zusammenziehende, kräftigende, entzündungshemmende und harntreibende Wirkung des Tees aus Brombeerlaub zugeschrieben. Deshalb wird letzterer gegen Durchfall, Magenschmerzen und Wassersucht eingesetzt. Das Abkochen der Wurzeln soll sogar einen noch stärkeren Effekt besitzen, ist aber nicht mehr gebräuchlich. Als Gurgelmittel bei Halsschmerzen und Zahnfleischentzündungen kommt der Tee aus den Blättern ebenso zur Anwendung. Fermentiert ähnelt er dem schwarzen Tee. Gemeinsam mit Himbeer- und Erdbeerblättern sowie Apfelschalen bilden Brombeerblätter die berühmten Hausteemischungen im Erzgebirge.

Zum Teil findet man das ganze Jahr über an der Brombeere grünes Laub. Die überwinternden Blätter werden jedoch im Frühjahr abgeworfen. Ebenso wie die Sommerblätter zeigen sie eine charakteristische, aus drei bis sieben ovalen, gezähnten und unterseits weißfilzig behaarten Teilblättchen zusammengesetzte Fiederung. Die grüne Farbe der wechselständigen Laubblätter wird häufig von einer rötlichen Pigmentierung überdeckt. Diese verleiht ihnen Schutz vor zu starker Sonneneinstrahlung. Die grünen Stengeltriebe betreiben ebenfalls Photosynthese. Sie erreichen

Längen von bis zu fünf Metern. Die Adern der Blätter sowie die Blattstiele und Zweige der Brombeere sind oftmals dicht mit rückwärts gerichteten Stacheln besetzt. Sie dienen der Pflanze als Kletterhaken und zeigen die Zugehörigkeit der Brombeere zur Familie der Rosengewächse an. Auch ein gewisser Fraßschutz wird durch die Stacheln gewährleistet. Brombeeren befinden sich erst seit dem 19. Jahrhundert in Kultur, zu Anbauzwecken wurden in letzter Zeit vermehrt stachellose Formen gezüchtet.

Die rötlich-weißen, zu Trauben oder Rispen angeordneten Blüten der Brombeere mit ihren fünf Kronblättern werden (neben auftretender Selbstbestäubung) hauptsächlich von Bienen bestäubt. Sie öffnen sich im Erzgebirge – je nach Standort – von Mai bis August. Unter günstigen Bedingungen kann man sie bis in den Winter hinein entdecken. Regelmäßig finden sich gleichzeitig Blüten und reife Früchte an einem Strauch. Sehr häufig ist aber auch die spontane Entwicklung von Früchten ohne die Übertragung des Pollens. Die erst grünen, dann roten und bald darauf schwarzen „Beeren" (morphologisch stellen sie Sammelsteinfrüchte dar) hängen in Trauben in den Achseln der Blätter. Nach der Fruchtung sterben die Triebe ab. Auch vegetativ zeigt die Brombeere eine reiche Vermehrung. Dies geschieht meist an unter der Last der Früchte herabhängenden Zweigen, die bei Kontakt mit dem Erdboden Wurzeln ausbilden und durch lange unterirdische Ausläufer. Brombeersträucher können bis zu zwei Meter Höhe erreichen. Dabei sind sie äußerst formenreich, so dass die unzähligen Kleinarten selbst von Spezialisten nur schwer zu unterscheiden sind.

Brombeere

Berühmter Erzgebirgsbaum schützt Tannen und Fichten.

Die Beeren der Eberesche werden von Vögeln verschleppt. Der Baum liefert Futter für Haustiere und Vitamine für den Menschen.

Die Eberesche *(Sorbus aucuparia)* kann sicher als der bekannteste Baum des Erzgebirges bezeichnet werden und dieses nicht zuletzt, da ihm im berühmten Volkslied vom „Vugelbeerbaam" ein Denkmal gesetzt wurde. Die Art zählt zu den anspruchslosesten Holzpflanzen der heimischen Flora. Sie gedeiht bevorzugt in Mittelgebirgslagen und zeigt dabei geringe Standortansprüche. Der Baum erobert mit seinem weitreichenden und tiefgehenden Wurzelsystem felsige Abhänge ebenso erfolgreich wie Hochmoore oder Schuttplätze. Ebereschen bevorzugen Standorte mit einem hohen Lichtangebot und hoher Luftfeuchtigkeit, Frost und Wind tolerieren sie ausgesprochen gut. Nicht nur deshalb gedeiht der Baum selbst auf dem rauen Erzgebirgskamm, auch dort, wo der Wald großflächig durch Rauchschäden zerstört wurde. Schon Ende des 19. Jahrhunderts bemerkte man, dass Ebereschen der Erzrösterei in unserem Gebirge am längsten widerstehen.

Neben der Birke bildet die Eberesche auf Kahlschlägen im Wald, an lichten Waldrändern und in Gebüschen schnell wieder einen geschlossenen Baumbestand. Als Erstbesiedler von Rohböden zeigt sie vor allem in jungen Jahren ein rasches Wachstum. Ihr früher Blattaustrieb verleiht der Baumart einen Vorsprung gegenüber den krautigen Pflanzenarten. Im Schutz der Ebereschen wird anschließend die Keimung des Jungaufwuchses von Fichten und Tannen erleichtert.

Schon frühzeitig wurde der Baum auch in besiedelten Gegenden des Erzgebirges angepflanzt, nicht zuletzt aufgrund der vielfältigen Verwendungsmöglichkeiten seiner Früchte. Anfangs grün entwickeln sie mit der Reife eine scharlachrote Färbung. Die „Vogelbeeren" enthalten hohe Mengen Zucker und schmecken herb säuerlich bis bitter zusammenziehend. Zudem weisen sie einen hohen Gerbstoffgehalt sowie Äpfelsäure, Bitterstoffe, Vitamin C und Carotin auf. Aufgrund ihres Vitaminreichtums werden die Ebereschen-Früchte zuweilen als die „Zitronen des Nordens" bezeichnet. Ihre Nutzung findet sich erstmals in Pflanzenbüchern des 16. Jahrhunderts erwähnt. Nach den ersten Herbstfrösten gesammelt, können sie zu Saft, Likör oder Wein verarbeitet werden. Auch ergeben sie ein gutes Gelee oder sogar einen Kaffeeersatz. Zu Nahrungszwecken werden jedoch heute vor allem veredelte Sorten, als „Süße Vogelbeeren" bezeichnet, gezüchtet. Der hohe Sorbitolgehalt in den Früchten erzeugt einen kühlenden Effekt auf der Zunge, weshalb dieser Zuckerersatzstoff in Eisbonbons oder Eisschokolade verarbeitet wird.

In früherer Zeit wurden Ebereschenfrüchte vor allem frisch als Vitaminspender oder in Form von Tee gegen Durchfall benutzt. Ihre heilkundliche Wirkung ist jedoch wissenschaftlich nicht belegt und die Anwendung heutzutage nicht mehr gebräuchlich. Ein Mus aus den Beeren wurde bei Appetitlosigkeit und verdorbenem Magen eingesetzt. Industriell wird aus den Früchten Sorbit, ein Nährmittel für Diabetiker erzeugt. Man erntet sie im Oktober und November und trocknet sie bei künstlicher Wärme. In den Samen findet sich zwar der durch Blausäurebildung giftig wirkende Inhaltsstoff Amygdalin, jedoch soll er durch Kochen und Trocknen verschwinden. Die Früchte enthalten außerdem die giftige Parasorbinsäure, die als schwach kanzerogen gilt und in der Natur das verfrühte Auskeimen der Samen verhindert. Ein Verzehr größerer Mengen Ebereschenfrüchte kann dementsprechend Erbrechen, Durchfall oder entzündliche Hautreaktionen (Reizungen der Schleimhäute) hervorrufen. Auch dieser Inhaltstoff soll im gekochten Zustand unwirksam sein. Für die Pharmaindustrie importiert man Ebereschenfrüchte vor allem aus Russland, Polen, Ungarn und der Tschechischen Republik nach Deutschland. Auch in Nordamerika werden Ebereschen vielfach kultiviert. Während das Laub der Eberesche ein begehrtes Futter für Schafe und Ziegen ergibt, werden die Früchte Schweinen oder Hühnern zur Mästung verfüttert. Das harte und elastische Ebereschenholz verarbeiten Drechsler, Tischler und Holzbildhauer. Auch galt es im Erzgebirge als das „Brennholz des kleinen Mannes". Aus dem Wurzelholz fertigt man Spazierstöcke. Früher wurden die Blätter und die Borke zum Gerben benutzt, letztere diente außerdem zum Braun- und Rotfärben von Wolle. Ebereschen werden nicht selten als Wind- oder Bodenschutzgehölz angepflanzt. Anders als früher sind sie auch vermehrt als Mischbaumart im nachhaltigen Waldbau wieder gefragt. Ab dem Spätsommer zeigen die Bäume meist eine schöne, intensiv rote Herbstfärbung. Die Vogelbeeren verbleiben oft bis weit in den Winter hinein am Baum und werden gern von Drosseln (anderer Name: „Drosselbeere"), Staren oder den im Erzgebirge selten gewordenen Rauhfußhühnern gefressen. Über 60 Vogelarten wurden bei der Nahrungsaufnahme an Ebereschen beobachtet. Deshalb benutzten die erzgebirgischen Vogelsteller früher zum Anlocken ihrer Opfer bevorzugt Ebereschenfrüchte. Die Samenverbreitung über die Vogelmägen erklärt das gelegentliche Auftreten des Baumes an ungewöhnlichen Orten, wie zum Beispiel auf Burgtürmen. Der lateinische Artname *aucuparia* bedeutet übersetzt „für den Vogelfang nützlich".

Ebereschen sind in Europa, Westsibirien und Kleinasien heimisch und besiedeln Standorte von der Ebene bis oberhalb der Waldgrenze. Sie gehören zu den am weitesten in die Arktis vordringenden Baumarten. Der selten mehr als 15 Meter Wuchshöhe erreichende Baum mit der glatten, hellgrauen Rinde erreicht meist nur ein Alter von 80 Jahren. Er bildet jedoch durch starken Stock- und Wurzelausschlag mit Wurzelbrut oft mehrere Stämme aus. Die gefiederten Blätter der Eberesche mit ihren scharf gesägten Teilblättchen ähneln denen der Eschen. In jungem Zustand riechen sie nach Marzipan. Abgeworfen zersetzen sie sich schnell und beeinflussen die Humusbildung positiv. Von Mai bis Juni entfalten sich die attraktiven weißen, doldigen Blütenstände der Eberesche. Sie gelten als ausgesprochene Bienenweide und besitzen einen intensiven Geruch (hervorgerufen durch den Inhaltsstoff Trimethylamin). Als offene Honigblumen werden sie von zahlreichen Insektenarten zur Blütezeit aufgesucht, darunter viele Käfer- und Fliegenarten. In den Höhenlagen des Erzgebirges, die von anderen Obstgehölzen nicht mehr ertragen werden, eignen sich die Vogelbeerbäume hervorragend als Alleepflanzung an Straßen oder als Ziergehölz in den Gärten.

Eberesche

Eisenbahn rollt über das Symbol der Ewigkeit.

Das Holz der Eiche gilt als eines der Härtesten und als nahezu unzerstörbar. Der Baum lieferte in früherer Zeit Mastfutter für die Hausschweine.

Einer der mächtigsten Bäume der erzgebirgischen Landschaft, die Stieleiche *(Quercus robur)*, erreicht ein Durchschnittsalter von 600 Jahren und Wuchshöhen von bis zu 50 Metern. Viele Exemplare in Deutschland sollen schon über 700 Jahre Wind und Wetter trotzen. Im mittleren Erzgebirge erreicht die langsamwüchsige Baumart ihre maximale Standorthöhe bei circa 600 Metern über dem Meeresspiegel, unter anderem da sie spätfrostempfindlich ist. Darunter bildet sie als wärmeliebende Pflanze an sonnenexponierten Stellen zuweilen kleinere Bestände in Laubmischwaldgebieten und Talauen, wobei keine Ansprüche an den Boden gestellt werden. Nach der Eiszeit hat sich die Stieleiche über ganz Europa ausgebreitet. Daneben ist sie in Nordafrika und Westasien heimisch. Weltweit kennt man weit über 500 Eichenarten. Sie gelten als Symbolbäume für Ewigkeit und Standhaftigkeit, auch dank ihrer kräftigen Pfahl- und den starken Seitenwurzeln. Schon bei den Römern und Griechen wurde die Eiche verehrt, den Germanen galt sie sogar als heilig. Dies ist nicht zuletzt auf die vielfältigen Verwendungsmöglichkeiten zurückzuführen, die Eichenbäume dem Menschen bieten.

In der Heilkunde wird hauptsächlich die Borke genutzt. Sie enthält erhebliche Mengen an Gerbstoffen, die einen gewebeverdichtenden Effekt hervorrufen und so blutungsstillend und schmerzlindernd wirken sollen. Auch wird ihnen ein hautdesinfizierender Effekt (der Baum produziert selbst diese Stoffe zur Abwehr von Mikroorganismenbefall) zugeschrieben. Abkochungen der im Frühjahr von jungen Zweigen gesammelten und getrockneten Borke (besser wirken pharmazeutische Fertigprodukte anderer Eichenarten aus der Apotheke) kommen als Teilbäder, Waschungen und in Kräuterumschlägen bei Ekzemen, Fußschweiß, Furunkeln sowie Abszessen und schlecht heilenden Geschwüren zum Einsatz. Außerdem findet die Abkochung bei entzündeten Schleimhäuten, Schwellung oder Rötung und vermehrter Sekretion als Gurgelmittel Verwendung. Nicht benutzt werden sollte die Eiche bei größeren Hautverletzungen oder großflächigen Ekzemen sowie bei Herzschwäche, Hypertonie und infektiösen Erkrankungen. Ebenfalls sollte sich der Gebrauch auf eine Dauer von maximal drei Wochen beschränken.

Gerblohe, aus Eichenborke gewonnen, dient zum Gerben von Tierfellen. Die Eichenfrüchte (Eicheln), die im Oktober gesammelt werden, enthalten neben jenen auch in der Borke vorhandenen Gerbstoffen Zucker, Stärke, Eiweiß sowie fettes Öl. Sie werden von Wildtieren und Schweinen gern gefressen, weshalb man im Mittelalter im Erzgebirge kleine Eichenhaine anlegte und die Hausschweine an diesen Orten mästete (Hutewald). Die Eicheln bilden noch heute eine wichtige Nahrungsquelle für Rot- und Schwarzwild im Winter. Im Boden bleiben sie sechs Monate keimfähig. Der Mensch stellte früher aus ihnen einen Kaffeeersatz her und verwendete die Früchte in Hungersnöten als Streckungsmittel des Mehles. Das Eichenholz gilt als eines der härtesten und ist selbst unter Wasser nahezu unzerstörbar. Das schlägt sich in seiner ehemaligen Verwendung beispielsweise im Schiffbau und als Eisenbahnschwellen nieder. Noch heute werden hochwertige Möbelstücke aus Eichenholz gefertigt. Es liefert außerdem eine erstklassige Holzkohle. Schließlich wird auch der Wein bevorzugt in Eichenholzfässern gelagert. Alle hier genannten Eigenschaften der Stieleiche weist ebenfalls ihre Schwesterart, die Traubeneiche *(Quercus petraea)*, auf. Sie blüht im Allgemeinen einige Tage später – in kühleren Gebieten wie dem Erzgebirge kann die Blüte der beiden Arten zusammenfallen – und besitzt keine gestielten Früchte, aber dafür gestielte Blätter. Außerdem ist die Stieleiche generell feuchtigkeitsbedürftiger. In der Regel neigen die beiden Arten zur Kreuzung, so dass es oft schwer ist, den Baum klar zuzuordnen. Die wechselständigen Blätter der Stieleiche zeigen eine wellige Gestalt und weisen einen gebuchteten Blattrand auf. Häufig entdeckt man auf ihnen kugelförmige Auswüchse, sogenannte Gallen. Sie werden von Insekten, hauptsächlich Gallwespen, hervorgerufen, nachdem diese Tiere ihre Eier einzeln in das Blattgewebe abgelegt haben. Die Galle bildet eine hinsichtlich Temperatur und Feuchtigkeit ideale Kinderstube für die heranwachsenden Larven. Eichen, sie gehören zur Familie der Buchengewächse, beherbergen die meisten Tierarten im Vergleich zu allen anderen erzgebirgischen Bäumen.

Der Stamm der Eiche entwickelt früh eine mächtige, unregelmäßige und knorrige Krone. Junge Eichenblätter sind seidig behaart. Das schwer zersetzbare Eichenlaub bildet nach dem Fall im Herbst dicke Humusschichten. Bei jungen Bäumen verbleiben die Blätter jedoch bis in die Wintermonate an den Zweigen. Die männlichen Blüten besitzen eine kätzchenartige Form, während die weiblichen in wenigblütigen Ständen an den Zweigen stehen. Aus letzteren entwickeln sich nach der Blüte im Mai die oft in Dreizahl am Stiel des Fruchtstandes sitzenden Früchte, jede von einem Fruchtbecher getragen. Die Borke des Stammes ist nicht selten mehrere Zentimeter dick, typisch tiefrissig und graubraun. Eichen verhalten sich als extreme Lichtbaumarten in der Jugend sehr raschwüchsig, wachsen im Alter aber nur langsam. Man kennt zahlreiche Zuchtformen verschiedener Eichenarten. Ihre Mannigfaltigkeit in der Gestalt ist Grundlage der bevorzugten Anpflanzung in Parks und Landschaftsgärten.

Stieleiche

„Wetterfühliger“ Baum entstammt exotischer Pflanzenfamilie.

Die Esche zählt zu den höchsten Bäumen Europas.
Die Borke des Baumes dient frisch der Wundheilung.

Eschen *(Fraxinus excelsior)* gehören zu den unauffälligen Bäumen der erzgebirgischen Flora. Sie treten selten in größeren Beständen auf und besiedeln gemeinsam mit der Ulme und der Linde frische bis feuchte, tiefgründige Böden in krautreichen und anspruchsvollen Au-, Schlucht- und Laubmischwäldern. Der ein Alter von bis zu 250 Jahren erreichende Baum gedeiht aber auch als

Bestandteil von Hecken, Lichtungssäumen und in der Ufervegetation der Flüsse. Eschen festigen und stabilisieren die in ihrem Bestand gefährdeten Auewälder, denn sie ertragen periodische Überschwemmungen. Die Bäume werden aufgrund ihres wertvollen Holzes zuweilen angepflanzt und forstlich gefördert. Früher häufig, mittlerweile selten geworden, säumen sie als Alleebäume die erzgebirgischen Straßen. Ihr Hartholz kommt in der Tischlerei, Wagnerei, zur Herstellung von landwirtschaftlichen Geräten, Musikinstrumenten oder Skiern zum Einsatz. Schon in den Pfahlbauten römischer Siedlungen konnte verbautes Eschenholz nachgewiesen werden. In der forstwirtschaftlichen Kultur wird der Baum nach 80 bis 120 Jahren geerntet.

Eschen zeigen eine große Anpassungsfähigkeit an ihren Standort und tolerieren kalkhaltigen Boden ebenso wie die sauren Substrate des Erzgebirges. Bevorzugt werden jedoch nährstoffreiche Böden besiedelt. Die Baumart ist von der Ebene bis in hohe Mittelgebirge verbreitet. Ihre nördliche Ausbreitungsgrenze erfährt sie in Dänemark und Schottland, wo die Esche meist nur noch in strauchiger Wuchsform auftritt. In nördlichere Breiten dringt der Baum nicht vor, da er ziemlich frostempfindlich ist. Auch im rauen Klima des Erzgebirges kommt es nicht selten zu Frostschäden an den Knospen, welche die Esche aber durch jeweils zwei Ersatzknospen neben den Hauptknospen ausgleichen kann. Südlich endet das Areal in Griechenland und Nordspanien, verläuft aber bis an den Rand des Kaukasus. Im Gegensatz zu der jungen Eschenkeimpflanze, die sich relativ schattentolerant verhält, benötigt ein ausgewachsener Baum aufgrund seines hohen Lichtbedürfnisses möglichst Freistand.

Schon im Altertum wurde die Borke der Esche bei fiebrigen Erkrankungen angewendet. Die Germanen verehrten den Baum ähnlich der Eiche und verwendeten seine Teile vielfältig. Eschenborke soll frisch der Wundheilung und getrocknet als Wurmmittel und gegen Fieber dienen. Sie wird von jungen Zweigen gefällter Bäume oder windbrüchiger Äste gesammelt. Die Wirkung führt man auf die enthaltenen Cumarin-Glykoside zurück. In den Monaten Mai bis Juli gesammelte Blätter enthalten die Stoffe Fraxin und Mannit, organische Säuren, Gerbstoffe sowie Zucker und werden in der Volksmedizin als tonisches Mittel bei Rheuma- und Gichtschmerzen sowie gegen Nierenleiden verwendet. In Bädern dienen sie zur Desinfizierung von Wunden. Schulmedizinisch jedoch ist die Verwendung der Eschenblätter ebenso wie die der Borke nicht ausreichend belegt. Eschenwasser gilt als Schönheitsmittel. In Kriegszeiten waren die Samen als Kaffee-Ersatz bekannt. Die Borke diente in der Gerberei zum Schwarz-, Braun- oder Blaufärben.

Die Esche erreicht, wie der Name „*excelsior*" es ausdrückt, eine ungewöhnliche Wuchshöhe von bis zu 45 Metern und einen Stammumfang von bis zu 1,70 Metern. Sie gehört wie der Liguster zu den Ölbaumgewächsen. An den blaugrünen, elastischen Ästen stehen kreuzgegenständig die großen, aus gesägten, eiförmigen Teilblättchen unpaarig zusammengesetzten Blätter. Sieben bis 13 Teilblättchen bilden ein Laubblatt. Die Blattgröße bedingt, dass die Esche zu den am stärksten transpirierenden Bäumen Europas gehört. Das Laub, welches erst im Anschluss an die Blütenrispen aus den schwarzen, samtigen Winterknospen im Mai sehr spät austreibt, wird in manchen Gegenden zur Fütterung von Kleinvieh, Schafen, Ziegen und Schweinen eingesetzt. In der Regel bleiben die Eschenblätter bis zum Blattfall im Herbst grün. Ihre gut zersetzbare Streu wirkt bodenverbessernd, humusbildend und sorgt für ein reiches Bodenleben.

Eschensamen lösen sich im Winter allmählich vom Blütenstand ab und werden dank ihrer Flügelung als Drehflieger durch den Wind verbreitet. Auch Kleinsäuger und Vögel verschleppen oft die Nüsse. Der Mensch presst aus ihnen ein essbares Öl, welches ähnlich dem Sonnenblumenöl verwendet wird. Die Samen weisen im zweiten Jahr eine hohe Keimfähigkeit auf. Aufgrund des kräftigen und flachstreichenden Wurzelkörpers besitzt die Esche eine hohe Nahrungskonkurrenzkraft gegenüber Nachbarpflanzen. Dies gewährleistet die optimale Ausbildung ihrer kugeligen bis eiförmigen Krone. In manchen Jahren bleibt sie länger kahl als die Eiche, was im Erzgebirge landläufig als Anzeichen für ein regenreiches Jahr gedeutet wird.

Esche

Raschwüchsiger Baum liefert Likör und Papier.

Fichten halten Winterruhe unter der Schneelast. Junge Triebe werden als Badezusatz oder Grundlage für Einreibeöl benutzt.

Die berühmten tiefen Erzgebirgswälder werden hauptsächlich von einer Baumart, der immergrünen Fichte *(Picea abies)* dominiert. Sie gilt neben der Tanne als die größte europäische Pflanze. Der bis zu 60 Meter hohe Baum war wohl der erste baumförmige Besiedler Europas nach der Eiszeit. Das Ursprungsgebiet der Fichte befindet sich in Süd- und Mitteleuropa. Pflanzengeschichtlich sind die Nacktsamer, zu denen die Fichte zählt, circa 100 Millionen Jahre älter als die Laubbäume. Fichten gehören der Familie der Kieferngewächse an. Die Bäume sind heute im Nadelwaldgürtel Nordeuropas sowie in den Bergländern und Hochebenen des östlichen Mittel- und Südeuropas weit verbreitet. Sie bevorzugen ein kühl-kontinentales Klima und hohe Niederschlagsmengen. Ursprünglich kamen sie nur in Höhen oberhalb 800 Meter vor. So dürfen als natürliche Fichtenstandorte im Erzgebirge lediglich die Kammlagen sowie die Fichtelberghänge (daher auch der Name) angenommen werden. In den Hochgebirgen steigt die Baumart bis auf 2000 Meter.

Im Laufe der Siedlungsgeschichte hat der Mensch große Rodungsgebiete mit der anspruchslosen und raschwüchsigen Baumart aufgeforstet, nicht ohne negative Auswirkungen auf die natürliche Vegetation. Der dichte Kronenschluss der Bäume verhindert eine aufkommende Krautschicht und die natürliche Verjüngung der Bestände, was zu einer extremen Artenverarmung der Forste führt. Ihr natürliches Alter von bis zu 600 Jahren erreicht die Fichte nur selten, da die forstwirtschaftliche Umtriebszeit ungefähr 100 Jahre beträgt. Alte Fichten erreichen dabei Stammdurchmesser von bis zu zwei Metern. Zwerg- und Goldvarianten der Fichte sind in Gärten und Parks als gestalterische Elemente beliebt.

Fichtenbäume liefern in Europa große Mengen Zellstoff für die Papierindustrie. Die dünnschuppige Borke weist einen Gerbstoffgehalt von bis zu 18 Prozent auf, weshalb sie als Gerbmittel eingesetzt wurde. Außerdem bildete das Fichtenharz die Grundlage für die Terpentinölherstellung. Als Bauholz (Bretter, Bohlen, Pfosten) ist das Fichtenholz wenig witterungsbeständig, es dient vielfach lediglich als Nutz-, Brenn- und Kohlenholz. Das Fichtenreisig lieferte über viele Jahrhunderte hinweg den besten Frostschutz für die Gartenkulturen im Erzgebirge.

Jedoch auch zu pharmazeutischer Bedeutung gelangte die Fichte in früherer Zeit. So wurde ihr Nadelholzteer industriell gewonnen und mit entzündungshemmendem, juckreizstillendem und antiinfektiösem Effekt eingesetzt. Im Erzgebirge wandte man früher einen Absud aus den vitaminreichen Fichtentrieben gegen Skorbut an, oder aß sie zu diesem Zweck sogar roh. Als Badezusatz oder Einreibeöl sollen die jungen Triebe die Durchblutung der Haut fördern und nervenberuhigend sowie antiseptisch wirken. Charakteristische Inhaltsstoffe sind sowohl der Stoff Pinen als auch große Mengen ätherischen Öls. Aufgrund letzterer kommen die sekretlösenden Auszüge der im Frühjahr gesammelten Neutriebe mit ihren vierkantigen, oft gescheitelt stehenden Fichtennadeln bei Atemwegsbeschwerden (nicht bei Keuchhusten oder Asthma!) in Form von Inhalationen zum Einsatz oder finden sich in Duftessenzen verschiedener Art. Auch ein harzig schmeckender Likör oder ein Fichtennadelhonig wurde aus den Trieben hergestellt. Bei empfindlichen Personen ist es möglich, dass eine Anwendung der Fichte jedoch Reizungen, vor allem der Haut und Schleimhäute, hervorruft.

Fichten besitzen ein rötliches Holz, weshalb sie auch den Namen „Rottannen" tragen. Von echten Tannen unterscheiden sie sich jedoch durch die im Alter herabhängenden, nicht am Baum schon zerfallenden Zapfen sowie die nach dem Nadelverlust zurückbleibenden Nadelpolster an den Zweigen. Auch die Seitenverzweigungen zeigen sich – im Gegensatz zur sparrig wachsenden Tanne – als Anpassung an die Schneebelastung im Winter hängend. Fichtenbäume halten regelrecht Winterruhe, in der Atmung und Photosynthese stark gedrosselt werden. Allgemein gelten Fichten als frosthart. Wenn jedoch Luftschadstoffe die schützende Wachsschicht der Nadeln zerstören, kommt es zu einer erhöhten Transpiration der Bäume und bei gefrorenem Boden demzufolge zu Wassermangel. Dies kann in großflächigem Absterben der Fichtenbestände enden, wie im Winter 1995/96 im Erzgebirge.

Das flache und wenig ausgedehnte Wurzelsystem der Fichte, welches den Baum relativ sturmanfällig macht, ist dicht von Mykorrhizapilzgeflecht umgeben. Als Symbiosepartner fungiert beispielsweise der Fichten-Steinpilz. Die rötlich-gelben männlichen Blüten der Fichte entsenden in Mastjahren zur Blütezeit (Mai bis Juni) enorme Pollenmengen zur Bestäubung der rötlichen weiblichen Zapfenblüten. Dieses Phänomen ist im Erzgebirge als „Schwefelregen" bekannt. Die weiblichen Blütenstände wachsen anschließend zu den 25 bis 35 Zentimeter langen Zapfen heran. Eine Abkochung dieser Zapfen soll gegen Schnecken im Garten wirksam sein. Fichtensamen werden durch den Wind verbreitet, nachdem bei Trockenheit sich die Zapfenschuppen spreizen. An der Ausbreitung sind nicht selten aber auch Eichhörnchen und Spechte beteiligt. Auf die Fichte sind zahlreiche Organismen des Ökosystems Wald angewiesen, von Parasiten wie den Borkenkäfern oder dem Wurzelschwamm bis zum Fichtenkreuzschnabel. Aus den Fichtensamen entstehen rasch Jungbäume, die nicht zuletzt als Sinnbild des Lebens in die traditionellen Weihnachtsstuben des Erzgebirges gelangen.

Fichte

Perlen glänzen morgens am Mantel.

Die Laubblätter des Frauenmantels werden als Viehfutter geschätzt. Tee aus der Pflanze unterstützt das Verdauungssystem.

Wer zeitig am Morgen eine unserer artenreichen erzgebirgischen Bergwiesen aufsucht und in tiefere Krautschichten vordringt, entdeckt leicht eine relativ unscheinbare Pflanze, an deren Blättern zahlreiche Wassertropfen glänzen. Sie reflektieren das klare Morgenlicht in allen Farbvariationen und verleihen der Pflanze den volkstümlichen Namen „Taukraut". Aufgrund ihrer Form erinnern die Blätter an einen perlenbesetzten Mantel. Die Wassertropfen werden vom Frauenmantel *(Alchemilla vulgaris)* aktiv durch Wasserspalten an den Blattzähnen ausgeschieden. Er ist dazu gezwungen, da die hohe Luftfeuchtigkeit der Morgenstunden die Wasserverdunstung aus den Spaltöffnungen der Blattfläche behindert. Die Wasserabgabe ist aber für den Sog durch die Wurzel und so zur Nährstoffaufnahme notwendig. Die behaarte Oberfläche der Blätter verhindert gleichzeitig die Bildung eines Wasserfilms. Somit kugelt sich der Tropfen ab, ein Effekt, welcher – aus der Natur beobachtet – heute vielfach technisch eingesetzt wird.

Zu Heilzwecken wird das gesamte Kraut ohne Wurzel in den Monaten Mai bis August morgens bei trockenem Wetter gesammelt und in dünner Schicht zum Trocknen gebracht. Im Mittelalter galt Frauenmantel als eines der besten Wundkräuter. Er enthält große Mengen Gerbstoffe mit zusammenziehender und reizmildernder Wirkung. Ebenso wie früher wird heute der Aufguss aus Frauenmantelkraut in Form von Umschlägen oder in Stoffsäckchen als Badewasserzusatz eingesetzt. Dem Frauenmantel werden entzündungshemmende und Reizungen lindernde Eigenschaften sowie eine Förderung der Narbenbildung zugeschrieben. Gesichtsauflagen aus Frauenmantel sollen straffend und belebend auf die Haut wirken. Innerlich kommt der Tee aufgrund der enthaltenen Bitterstoffe bei Verdauungsstörungen, leichten Magen-Darm-Katarrhen, Blähungen und leichtem Durchfall zur Anwendung. Die Benutzung von Frauenmantelkraut gegen Frauenleiden (der Name wird zuweilen dahingehend gedeutet) lässt sich wissenschaftlich nicht begründen. Von ihr ist während der Schwangerschaft abzuraten, in Ausnahmefällen wurde von schädlichen Einflüssen auf die Leber berichtet. Zu pharmazeutischen Zwecken baut man die Pflanze heute hauptsächlich in Osteuropa an, beispielsweise in Polen, Ungarn und Bulgarien. Frauenmantelkraut findet sich auch als Bestandteil einiger Teemischungen im Handel.

Die Wissenschaft zählt zur Gattung *Alchemilla* zwischen 200 und 1000 Arten, was das Problem der ungenauen Artabgrenzung deutlich macht. Ursache ist die Besonderheit des Frauenmantels, sich hauptsächlich apomiktisch fortzupflanzen. So können aus einzelnen Pflanzen ganz neue Sippen entstehen. Der Frauenmantel besitzt unscheinbare, gelblich-grüne Blüten, in denen die Pollen steril sind. Die Blüten weisen einen süßlichen Geruch auf. Von Mai bis Oktober erscheinen sie an der Pflanze und produzieren ohne Bestäubung unzählige Samen, die breit ausgestreut werden. Die Zugehörigkeit zur Familie der Rosengewächse lässt sich am Frauenmantel nicht leicht ablesen. Allgemein zeichnet sich die Gattung durch ihre mehr oder weniger lang gestielten grundständigen Blätter aus, welche fünf- bis neunfach gelappt und am Rand gesägt sind. Sie entspringen zusammengefaltet dem Wurzelstock, breiten sich aber im ausgewachsenen Zustand rundflächig aus. Die Pflanze erreicht eine Wuchshöhe von maximal 50 Zentimetern.

Der ausdauernde Frauenmantel bevorzugt humosen, feuchten und nährstoffreichen Lehmboden. Er ist in Europa und Westasien heimisch, wurde jedoch in Nordamerika durch den Menschen eingebürgert. Als Standorte des Frauenmantels gelten feuchte Wiesen und Weiden, lichte Wälder und Gebüsche, aber auch Felder oder gar Schuttplätze. Die Pflanze bevorzugt schattige Bereiche von den Mittelgebirgslagen bis in die Hochgebirge. Bauern im Erzgebirge schätzen das großblättrige Kraut als wertvolles Mähfutter. Oft ist der Frauenmantel eine der ersten Pflanzen, die im zeitigen Frühjahr ihre Blätter auf den abgemähten Wiesen des Vorjahres entfalten. Manche wildlebende Tierart nutzt ihn deshalb als willkommene Nahrungsquelle nach der Schneeschmelze. Im Garten lässt sich der Frauenmantel gut als Bodendecker kultivieren.

Zuweilen wurde früher das Frauenmantelkraut zum Färben von Wolle (olivgrün bis zitronengelb) benutzt. Blätter und junge Triebe der Pflanze kamen in der erzgebirgischen Küche als Gemüse, Salat- oder Suppenbeigabe zur Verwendung, jedoch ist dies heute kaum mehr üblich. Getrocknet ergeben sie ein Gewürz. Der Frauenmantel trägt im Volksmund auch den Namen „Gewitterkraut", da man glaubte, dass Kränze aus dem Kraut – an den Fenstern, Türen oder auf dem Dachfirst angebracht – vor Blitzschlag schützten. Das Mittelalter war die Zeit der Alchemisten. Die Gelehrten beschäftigten sich intensiv in Experimenten mit der Chemie. Sie waren auf der Suche nach dem Stein der Weisen, mit dem sie das Wesen der Welt zu ergründen glaubten, und nach dem Kraut der Unsterblichkeit. Alchemilla – das Kraut der Alchemisten lieferte ihnen den Tau für ihre Versuche.

Frauenmantel

Ausdauernde Schönheit gedeiht nahezu überall.

Das Gänseblümchen zeigt erstaunliche Regenerationskraft. Frisches Gänseblümchenkraut hilft als Frühlingstee gegen Erkältungskrankheiten.

Eine unscheinbare Pflanze der erzgebirgischen Flora erfreut sich dank ihrer Allgegenwärtigkeit größter Popularität. Sie trägt zahlreiche wohlklingende Namen: „Tausendschön“, „Maßliebchen“, „Sonnentürchen“, „Mutterblümchen“ und andere. Am bekanntesten ist die Pflanze unter dem Namen „Gänseblümchen“. Der lateinische Name *Bellis perennis* bedeutet soviel wie „ausdauernde Schönheit“. Die Pflanze gedeiht nahezu überall, besonders auf frischen, nährstoffreichen Böden in kurzrasiger Vegetation. Hier zeigt sie eine hohe Konkurrenzkraft anderen Trittrasenarten gegenüber, da sie eine enorme Fähigkeit zur Regeneration besitzt. Gänseblümchen kommen in Europa bis an die Küsten Skandinaviens und selbst noch auf Island vor. Sie weisen eine ausgeprägte Kältetoleranz auf. Bei nicht zu feuchter Witterung können blühende Gänseblümchen Temperaturen von bis zu minus 15°C ertragen. Die Pflanze überwintert kurze Zeit durch Rosettenbildung. Als eine der ersten Blütenpflanzen im Frühjahr sowie eine der letzten im Spätherbst treibt das Gänseblümchen in geschützten Lebensräumen im Erzgebirge schon im Januar die ersten Blüten und blüht fast das ganze Jahr über, mitunter sogar unter der Schneedecke.

Ursprünglich war das Gänseblümchen nur in Europa heimisch. Nach Nord- und Südamerika ebenso wie nach Neuseeland wurde die Pflanze schon früh durch den Menschen verschleppt und breitete sich dort rasch aus. Heute ist sie weltweit verbreitet. Der Name „Gänseblümchen" deutet auf das verstärkte Auftreten auf Gänseweiden hin. Gänseblümchen werden als Zierpflanzen in verschiedenen Zuchtformen angeboten. Aus dem Jahre 1539 stammen erste Belege des Gebrauchs von Gänseblümchen als Gartenpflanzen. Heute ist das Blümchen, das jedem Rasenschnitt trotzt, im sterilen, makellosen Rasen nicht gern gesehen. Kindern jedoch ist es willkommen, kann man aus den Blüten doch die schönsten Kränze flechten. In unzähligen Märchen, Liedern und Reimen kommen Gänseblümchen vor. Die alten Germanen verehrten die Pflanze, da ihrem Glauben nach die Sonne aus ihren Blüten entspringt.

Auch in der Heilkunde kommt das Gänseblümchen zur Anwendung. Namen wie „Marienkraut" oder „Gichtkraut" gehen darauf zurück. Im Mittelalter galt Gänseblümchenkraut als Allheilmittel. Schon die ersten Apotheken des 18. Jahrhunderts hatten es vorrätig. Heute sind Gänseblümchenpräparate in den Apotheken selten. Die Pflanze enthält Gerbstoffe, Inulin, organische Säuren, Saponine, wenig ätherisches Öl, Schleim, Flavonoide sowie Vitamin C. Aufgrund dieser Inhaltsstoffe kommen getrocknete Gänseblümchenblätter und -blüten bei Husten, Brustleiden, Wassersucht und Verstopfung als Teeaufguss zum Einsatz. Sie können während der gesamten Blühperiode, hauptsächlich aber von April bis Ende August, gesammelt werden. Der Tee soll krampflösend, reizmildernd und allgemein heilungsfördernd wirken. Die Volksmedizin schätzt das Kraut als Stoffwechsel-Stimulans und hervorragendes Schmerzmittel. So wird ein Gänseblümchenabsud äußerlich bei Hautkrankheiten und kleineren Wunden eingesetzt. Frisch ergibt das Kraut einen Frühlingstee und Pflanzensaft, der – mit Honig gesüßt – ein altes erzgebirgisches Hausmittel gegen Erkältungskrankheiten darstellt. Auch als Schmuckdroge in kommerziellen Teemischungen werden die Blütenköpfchen benutzt. Im Zuge einer Frühjahrskur kann das Gänseblümchenkraut in Wildpflanzensalaten und Suppen verarbeitet werden. Die Blätter besitzen einen aromatischen, leicht säuerlichen Geschmack. Die geschlossenen Blütenköpfchen ergeben einen Kapernersatz.

Das ausdauernde Gänseblümchen treibt die grundständige Blattrosette aus einem kurzen, walzlichen Wurzelstock. Inmitten der spatelförmigen, abstehend behaarten Laubblätter entspringen die unbeblätterten, aber angedrückt behaarten Blütenstandstiele. Sie werden kaum höher als zehn Zentimeter. Der Blütenstand – das Gänseblümchen gehört zu den Korbblütengewächsen – besteht aus zentralen, leuchtend gelben Röhrenblüten und randständigen weißen Zungenblüten, welche zum Teil rötlich überlaufen sein können. Der ganze Blütenstand reagiert wie eine Einzelblüte, indem er sich nach dem Sonnenstand ausrichtet und bei feuchtem Wetter oder einsetzender Dunkelheit schließt. Dabei orientiert sich die Pflanze nicht nach dem Wechsel von Tag und Nacht, sondern folgt einer „inneren Uhr".

Das Gänseblümchen zeigt große Variabilität und ökologische Anpassungsfähigkeit. Es steigt bis in Höhen von über 2000 Metern über dem Meeresspiegel. Durch Seitenknospenbildung kommt das Blümchen häufig in kleinen dichten Gruppen vor. Die Bestäubung übernehmen verschiedene nektarsammelnde Insekten, während die Samen durch den Wind verbreitet werden. Als Lichtkeimer baut das Gänseblümchen in offenen Lebensräumen große Populationen auf. In den Städten finden sich Gänseblümchen neben dem Löwenzahn oft als die letzten Zeichen der Natur in Nischen neben Beton und Asphalt.

Gänseblümchen

Robuster Wegbegleiter wird vom Federvieh gefördert.

Das Gänsefingerkraut dominiert unter günstigen Umständen seinen Lebensraum. Die Blätter und Wurzeln liefern als Wildgemüse eine Notnahrung.

Als im Erzgebirge in früherer Zeit häufig noch Gänse als Haustiere die Gärten und Höfe bevölkerten, war eine relativ unscheinbare Pflanze überall auf den Weiden dieser Tiere zu finden. Das Gänsefingerkraut *(Potentilla anserina)* bevorzugt frischen, nährstoff- und vor allem durch den Gänsekot stickstoffreichen Boden, der stark verdichtet sein kann. So tritt es heute noch auf Pionierstandorten, Ruderalstellen, in Trittrasen und an Wegen auf. Dabei toleriert es sogar zeitweilige Überflutung und eine erhöhte Salzkonzentrationen, weshalb es an Straßenrändern Standortvorteile anderen Pflanzen gegenüber besitzt. Die trittfeste, zusammenhängende Bestände bildende Kriechpflanze wird auch in Wildkräutergärten zur polsterförmigen Bedeckung von offenem Boden eingesetzt. Sie erreicht eine maximale Wuchshöhe von 15 Zentimetern. Durch Verschleppung über den Menschen wurde das Gänsefingerkraut als Kulturfolger in den gemäßigten Breiten auf der gesamten Erde heimisch. Dabei tritt es besonders oft in Nähe zu Siedlungen auf.

In nordischen Ländern ernährten sich die Menschen in Hungerszeiten vom Wurzelstock der Pflanze. Er ergibt, wie die Blätter, ein feines Gemüse von herbem Geschmack. Auch als Einlegesohlen in Holzschuhen dienten früher die Laubblätter. In der Heilkunde wird das Gänsefingerkraut mit einem breiten Spektrum eingesetzt. Die zur Blütezeit der Pflanze gesammelten und durch häufiges Wenden getrockneten Blüten und Blätter enthalten hohe Mengen an Gerbstoffen und Flavonoiden. Dies kann als Grund für die vermutlich entzündungshemmende, harntreibende und krampflösende Wirkung des Gänsefingerkrauttees betrachtet werden. Er wird dementsprechend bei unspezifischen Durchfallerkrankungen, leichten Magen-Darm-Beschwerden sowie bei Leibschmerzen eingesetzt. Als Gurgelmittel findet der Sud bei Zahnfleisch- und Rachenentzündungen Verwendung. Das gesamte Kraut wird bei Schwellungen und Entzündungen der Haut auch als Badezusatz benutzt. Zudem findet es in der Tiermedizin Einsatz. Einige der zahlreichen Schwesterarten des Gänsefingerkrautes, so zum Beispiel die Blutwurz, zeigen ähnliche Wirkungsspektren. Das Gänsefingerkraut gelangt auch in die Herstellung verdauungsfördernder Schnäpse im Erzgebirge. Bei Reizmagen jedoch sollte das Kraut nicht verwendet werden, da die Beschwerden verstärkt werden können. Ebenso sind hohe Dosierungen zu vermeiden.

Als Rosettenpflanze treibt das Gänsefingerkraut seine unterbrochen gefiederten Blätter (große und kleine Fiedern im Wechsel) aus einem kurzen ästigen Wurzelstock, welcher auch die Überwinterung der Pflanze garantiert. Die Fiederblättchen weisen einen tief gesägten Rand auf. Eine seidene Behaarung verleiht insbesondere der Blattunterseite eine weißliche Farbe. Sie reflektiert als Verdunstungsschutzeinrichtung Licht und vermeidet damit zu hohe Temperaturen. Von diesem Merkmal des Krautes leitet sich auch der Volksname „Silberkraut“ ab. Der Name „Fingerkraut“ bezieht sich eher auf die Schwesterarten des Gänsefingerkrautes, welche handförmig gefingerte Laubblätter aufweisen. Neben den Blättern entstehen auch Ausläufer, die wiederum Blattrosetten und damit in bis zu einem Meter Entfernung Tochterpflanzen bilden.

Zur Blütezeit von Mai bis August findet man die leuchtend gelben Blüten des Gänsefingerkrautes in großer Zahl. Sie lassen die Zugehörigkeit der Pflanze zur Familie der Rosengewächse erahnen. Die Blüten öffnen sich nur bei Sonne vollständig und werden durch Insekten bestäubt. Vor dem Abblühen kann jedoch auch Selbstbefruchtung eintreten. Die Früchte gelangen durch Selbstverbreitung (Schleudermechanismus), Zufalls- (über den Verdauungsweg von Huftieren) oder Klebverbreitung (zum Beispiel die Füße der Gänse) in neue Lebensräume, in denen das Gänsefingerkraut bei günstigen Umweltbedingungen rasch zur dominierenden Pflanzenart wird.

Gänsefingerkraut

Ausbreitungswillige Pflanze bekämpft manches Zipperlein.

Der Giersch zeigt nährstoffreichen Boden an.
Die jungen Blätter würzen Suppen und Salate.

Einheimische Vertreter der Familie der Doldenblütler zählen zu den Pflanzen mit dem höchsten Gehalt an ätherischen Ölen und somit dem breitesten Einsatzspektrum in der Heilkunde. Neben dieser Gruppe an Inhaltsstoffen zeichnet sich zum Beispiel der Giersch *(Aegopodium podagraria)* zusätzlich durch seinen Gehalt an Kaffeesäure aus. Er enthält hohe Mengen Vitamin C und Mineralstoffe. Als Heilpflanze ist der Giersch schon seit dem Mittelalter in Verwendung, wozu er eigens in Klostergärten kultiviert wurde. Der Pflanze wird eine entzündungshemmende Wirkung zugeschrieben. Deshalb findet sie zerquetscht äußerlich bei Insektenstichen und Rheuma Anwendung. In früherer Zeit war der Giersch im Erzgebirge zudem als Volksheilmittel gegen Gicht bekannt, wie der Name *podagraria*, was soviel wie „Zehengicht" bedeutet, oder die volkstümliche Bezeichnung „Zipperleinskraut" verdeutlichen. Eine andere Herleitung des Namens führt ihn auf die Wortgruppe *podos agragia* zurück, was soviel heißt wie „der Fuß im Acker".

Gierschpflanzen besitzen einfache oder doppelt dreiteilige Blätter mit hohlem Stiel. Sie entstehen an Erdsprossen oder sitzen am kahlen, hohlen Stengel. Von der Blattform leitet sich vermutlich die Gattungsbezeichnung *Aegopodium* – aus dem Griechischen für Geißfuß – ab. Weiße, nektarführende Scheibenblumen bilden die meist in Dreizahl an den Pflanzen stehenden Doppeldolden. Der Giersch blüht im Erzgebirge in der Regel von Juni bis August. Die Bestäubung erfolgt in der Regel zufällig durch herumlaufende oder sich sonnende Insekten. Jedoch bewertet man die Blüten des Gierschs als ausgesprochene Nektarweide für Schwebfliegen. Der Giersch liefert ein beliebtes Viehfutter, insbesondere Ziegen und Hühner bevorzugen das Kraut. Vielerorts wächst die Pflanze als Bodendecker und verhindert die Entwicklung anderer Pflanzenarten. Sein tief eindringendes Rhizom stabilisiert den Boden. Deshalb eignet sich der Giersch ausgezeichnet zur Begrünung offener Hangflächen und Uferbereiche, um einer Erosion vorzubeugen.

Die Entstehung vieler Tochterindividuen wird durch eine reiche vegetative Vermehrung über ausgedehnt und tief kriechende, weiße und brüchige Rhizom-Ausläufer gesichert. Sie erreichen Längen von über 10 Metern. Werden diese unterirdischen Organe mechanisch zerteilt, wachsen aus jedem Teilstück erneut ganze Pflanzen heran. Diesen invasiven Eigenschaften des Gierschs kann nur durch massive Barrieren im Boden begegnet werden. Selbst im Kompost überdauert der Giersch. Die Früchte der Pflanze ähneln denen des verwandten Kümmels, weisen jedoch wie die gesamte Pflanze einen möhrenartigen Geruch auf. Aufgrund der Ähnlichkeit wurde früher Kümmel durch Gierschfrüchte verfälscht. Im Boden bleiben die Samen über viele Jahre keimfähig.

Ursprünglich war der Giersch im gesamten Europa heimisch. Durch den Menschen wurde er jedoch nach Nordamerika und in die gemäßigten Klimazonen Kleinasiens verschleppt und ist dort von der Ebene bis in die Gebirge verbreitet. Das Kraut bevorzugt als Standort grundwasserfeuchten, nährstoff-, vor allem stickstoffreichen und tiefgründigen Boden. Allgemein ist es aber als ziemlich anspruchslos einzustufen und gedeiht sogar in altem Mauerwerk. Ihre optimale

Wuchshöhe von über 90 Zentimetern erreicht die Pflanze im Erzgebirge an geschützten Stellen in Gärten und Parks, wo sie zum Teil dichte Rasen bildet. In diesen Lebensräumen besiedelt das Kraut vorwiegend schattige Bereiche wie Gebüsche oder den Bereich der Kronentraufe von Obstbäumen, toleriert aber auch sonnige Standorte. Außerhalb menschlicher Siedlungen kommen Gierschpflanzen in feuchten Wäldern, an Säumen und auf Schlägen vor. Am Rande von Wegen sowie an Waldrändern zeigt der Giersch oft Gartenmülldeponien an.

Reiche Verwendungsmöglichkeiten des Gierschs ergeben sich aber vor allem in der Küche. Er galt lange Zeit als das Gemüse der armen Leute. Die jungen Blätter werden vor der Blüte gesammelt und gelangen als würzige Beigabe in Salate, Suppen und Eintöpfe. Gierschstiele verfeinern Mischgemüsegerichte. Ebenso können die Blätter wie Spinat zubereitet werden und ersetzen im ausgewachsenen Zustand als Gewürz die Petersilie. Besonders in Kartoffelgerichten, aber auch in Kräuterjoghurt, kommt Giersch als Zutat zum Einsatz. Bei der Wildsammlung sind Verwechslungen mit zum Teil sehr ähnlichen Arten zu vermeiden, da manche Doldenblüter für den menschlichen Organismus sehr starke Gifte enthalten. Ein Beispiel ist der Schierling *(Conium maculatum)*, welcher im Vergleich zum Giersch stärker gefiederte Blätter sowie Hochblätter an der Dolde besitzt und vor allem an feuchten Stellen vorkommt.

Giersch

Kräutlein unter dem Zaun wird von Ameisen verschleppt.

Der Gundermann wächst als Polsterpflanze in gemähten Rasen. Eine Abkochung des Krautes soll gegen Zahnschmerzen wirksam sein.

Einige Pflanzen der erzgebirgischen Flora trotzen selbst Eis und Schnee und tragen auch in der kalten Jahreszeit Blattgrün. Zu diesen gehört der Gundermann *(Glechoma hederacea)*. Das aktive Leben im Winter bietet einige Vorteile. So gehören Gundermannpflanzen zu den ersten Frühjahrsblühern. Langrüsselige Insekten, beispielsweise Kleinschmetterlinge, nehmen diese Nektarquelle gern an und bestäuben die Blüten. Schwebfliegen fressen dagegen nur den Pollen und Erdhummeln beißen gar Löcher in die bläulich-violette Kronröhre und stehlen den Nektar. Deshalb reifen oft nur wenige Samen an den Pflanzen europäischer Gundermannpopulationen aus. Sie werden anschließend nicht selten von Ameisen verschleppt. Auf diese Weise gelangen die Pflanzen sogar auf Bäume. Hauptsächlich pflanzt sich der Gundermann aber vegetativ über oberirdisch kriechende, bis zu einem Meter lange und an den Knoten wurzelnde Triebe fort. Er erreicht an günstigen Standorten Wuchshöhen von maximal 40 Zentimetern.

Für manche Tiere, zum Beispiel Pferde, ist der Gundermann giftig. Vergiftungen treten jedoch selten auf, da die meisten Tierarten die Pflanze aufgrund ihres bitter-würzigen Geschmacks sowie des intensiven aromatischen Dufts meiden. Letzterer wird durch die in der Familie der Lippenblütengewächse weit verbreiteten ätherischen Öle hervorgerufen. Der ausdauernde Gundermann ist in Europa und Teilen Asiens heimisch, wobei er sowohl im Tief- als auch im Bergland vorkommt. Im Erzgebirge kann er als häufig eingestuft werden. Am Wuchsort bevorzugt die Pflanze feuchten, stickstoffhaltigen Boden. Da der Gundermann sowohl Schatten als auch starke Sonneneinstrahlung toleriert, lässt sich das Kraut sowohl unter feuchtem Gebüsch oder in Hecken als auch auf Wiesen, Weiden, an Wegrändern oder sogar an Mauern finden. Besonders häufig wächst es unter Zäunen in oftmals dichten Beständen, wovon sich auch der Volksname „Kräutlein unter dem Zaun“ ableitet. Weitere Namen der Pflanze sind „Gundelrebe“, „Egelkraut“, „Soldatenpetersilie“, „Katzenminze“ oder „Erdefeu“. Letztere Bezeichnung ebenso wie der wissenschaftliche Artname leitet sich von einer entfernten Efeuähnlichkeit der Blätter ab.

Die Giftigkeit des Gundermanns für den Menschen ist umstritten. Bei Personen, die allergisch auf die Pflanze reagieren, können die Drüsenhaare unter anderem Hautausschläge hervorrufen. Dessen ungeachtet besitzt der Gundermann eine weit zurückreichende Anwendung als Heilpflanze. Darauf weist auch das gotische Wort „gund“ für Eiter im Namen der Pflanze hin. So wurde das Kraut schon von römischen Ärzten benutzt und zählt zu den alten germanischen Arzneipflanzen. Seine Verwendung gründet sich auf den Gehalt an ätherischen Ölen, Gerb- und Bitterstoffen, Saponinen sowie die hohen Mengen salpetersauren Kaliumsalzes. Junge Gundermannpflanzen werden in den Monaten April bis Juni gesammelt. Sie sind leicht an den gegenständigen, nierenförmig gekerbten Blättern und den Blüten mit ihrer charakteristisch flachen Oberlippe zu erkennen. Letztere stehen in wenigblütigen, blattachselständigen Scheinquirlen. Der Gundermann wird gegen schlecht heilende Wunden ebenso wie bei Husten und Durchfall eingesetzt, da er stopfend, schleimlösend und entzündungshemmend wirken soll. Außerdem schreibt man dem Kraut eine das Abhusten fördernde und die Magensaftbildung anregende Wirkung zu. Als Badezusatz, Gurgelwasser oder Umschlag wird die Abkochung des Gundermanns bei Zahnschmerzen, Ausschlägen und Ekzemen verwendet. In der Schulmedizin kommt das Kraut allerdings nicht zum Einsatz. Den Hopfen im Bier kann die Pflanze ersetzen: bis in das 17. Jahrhundert war der Gundermann eine bedeutende Bierwürze. In früherer Zeit bereitete man im Erzgebirge aus Gundermann einen würzigen Wildsalat zu. Die jungen Frühlingsblätter wurden zu Kräutersuppen, Omeletts oder in Kräuterquark verarbeitet. Sie enthalten Vitamin C und können wie Spinat gekocht werden. Die Einnahme des Gundermannkrautes über einen längeren Zeitraum sollte auf jeden Fall vermieden werden.

In Wildkräutergärten eignet sich der Gundermann ausgezeichnet zur Bodenbedeckung oder Mauerbegrünung, denn er weist eine hohe Wuchskraft auf und erobert schnell große Flächen. Da die primäre Wurzel und Sprossachse schon im ersten Jahr absterben und viele Seitenzweige das Wachstum übernehmen, kann die Pflanze leicht alles überwuchern. Auch die aus Sicht des Arten- und Biotopschutzes oftmals fragwürdige Mahd des Rasens nutzt die Polsterpflanze, um andere Arten zu verdrängen.

Gundermann

Symbol des erwachenden Frühlings liefert heilenden Tee.

An den Wurzeln der Hängebirke leben schmackhafte Hutpilze. Die Blätter des Baumes sollen den Stoffwechsel anregen.

Einen der bekanntesten Laubbäume unserer erzgebirgischen Heimat repräsentiert die Hängebirke *(Betula pendula)*, auch Warzen- oder Weißbirke genannt. Ihr Verbreitungsgebiet liegt in Europa und dem gemäßigten Asien, es erstreckt sich bis nach Sibirien und in den Kaukasus. Die deutschen Namen des Baumes weisen auf die herabhängenden Äste sowie seine Borke hin, welche bei ausgewachsenen Birken aufgrund des eingelagerten Farbstoffes Betulin eine weiße Farbe annimmt. Unterbrochen wird das Weiß von den darunter liegenden dunklen Schichten, den „Warzen“. Die

Borke wirkt fäulnishemmend und verhindert Tierfraß. Doch nicht nur ihre auffällige Stammfarbe (die „Spiegelrinde“ reflektiert das Sonennlicht und schützt den oft einzeln stehenden Baum vor Überhitzung) macht die Birke populär. Die lichtliebende Baumart gedeiht nahezu überall, in Vorwald- und Hochmoorgehölzen, in lichten Wäldern und auf Schlägen. Aufgrund ihrer Allgegenwärtigkeit erhielt die Birke im Erzgebirge zu Unrecht den schlechten Ruf des „Unkrauts unter den Bäumen“. Bevorzugt werden feuchte Standorte besiedelt, an die weitere Bodenbeschaffenheit stellt die Birke keine Ansprüche. Der Baum erreicht ein Lebensalter von maximal 100 Jahren und wird dabei bis zu 25 Meter hoch. Birken sind ausgesprochene Pionierbaumarten. Als solche leiteten sie nach der letzten Eiszeit auf vielen Standorten die Wiederbewaldung ein.

Die Anwendung der Birke in der Heilkunde lässt sich mit Sicherheit bis ins Mittelalter zurückverfolgen. Wahrscheinlich wurde sie aber schon früher benutzt. Auch heute noch finden sich Birkenblätter aufgrund ihres Gehaltes an ätherischen Ölen, Saponinen, Flavoniden und Gerbstoffen in harntreibenden Teemischungen. Die Wirkstoffe sollen schonend den gesamten Stoffwechsel und die Nierentätigkeit anregen. Das Resultat ist eine vermehrte Wasserausscheidung aus dem Gewebe. Eine derartige Entschlackung wirkt sich besonders bei Gicht und Rheuma begünstigend aus. Auf eine ausreichende Flüssigkeitszufuhr während der Kur sollte geachtet werden. Aufgrund seiner wahrscheinlich blutreinigenden Wirkung empfiehlt man den Tee bei chronischen Hauterkrankungen und Ausschlägen. Gesammelt werden die Blätter in den Monaten Mai bis Juli. Sie sind an gut belüfteten Orten zu trocknen. Frische Blätter finden wegen ihres hohen Vitamin-C-Gehaltes in Frühjahrskuren als Aufguss Anwendung. Ebenso können sie einem Frühjahrssalat aus verschiedenen Wildpflanzen beigemengt werden.

Aus dem Saft der Birke wird Schaumwein oder Haarwasser hergestellt. Man sollte jedoch auf eine Selbstgewinnung verzichten, da verletzte Bäume oft an einer Pilzinfektion zu Grunde gehen. Für eine industrielle Verwendung wird die Droge aus Russland, China und Polen importiert. Das sehr leichte Birkenholz findet in der Furnierindustrie und im Flugzeugbau Verwendung. Es lässt sich leicht bearbeiten und liefert zudem ein wertvolles Brennmaterial. In früheren Zeiten wurde die Borke des Baumes als Papier benutzt und beschrieben. Birkenrindenteer findet im Gartenbau zur Erzeugung von Gewebekulturen Anwendung. Aufgrund der reizenden Wirkung der Inhaltsstoffe kann der Teer negative Hautreaktionen hervorrufen und sollte pharmazeutisch nicht verwendet werden. Auch bei Ödemen infolge eingeschränkter Herz- und Nierentätigkeit sollte von der Anwendung der Birkenblätter abgesehen werden, ebenso wie bei Birkenpollenallergie und während der Schwangerschaft und Stillzeit.

Selten findet man im Erzgebirge auch die Schwesterarten der Hängebirke, die Zwergbirke *(Betula nana)* und die Moorbirke *(Betula pubescens)*. Letztere besiedelt vor allem Moorbruchwälder. Beide Arten besitzen ähnliche Heilwirkung wie die Hängebirke. Vertreter der Gattung zeichnen sich durch dreieckige oder rundliche, wechselständige Blätter aus, welche drüsig punktiert sind und einen gesägten Blattrand besitzen. Pilzkenner wissen, dass nur im unmittelbaren Umkreis einer Birke der schmackhafte Birkenpilz zu finden ist. Zu den Birkenpilzen zählen neben der begehrten Birkenrotkappe weitere dunkler gefärbte Vertreter aus der Gattung der Rauhfußröhrlinge. Nur mit dem flachen, aber dichten Wurzelsystem der Birke bilden sie eine sogenannte Symbiose. In gegenseitiger Nutznießerschaft bezieht der Pilz vom Baum organische Verbindungen und liefert im Gegenzug Nährstoffe des Bodens, die er durch sein fein verzweigtes Pilzgeflecht aufnimmt. Diese Lebensform wird (ektotrophe) Mykorrhiza genannt.

Der zeitige Blattaustrieb der Birken wird landläufig als Symbol des erwachenden Frühlings angesehen. Weitere im Erzgebirge verbreitete Volksnamen der Hängebirke lauten dementsprechend „Frühlingsbaum", „Maibaum" und „Besenbirke". Letzterer bezieht sich auf die Verwendung der Äste des Baumes zum Binden von Besen. Die helle Farbe des Stammes symbolisiert Hoffnung. Nicht zuletzt deshalb finden junge Zweige als Schmuck in den Häusern Verwendung. Bekannt sind die Kätzchen der Birke, welche getrennt die weiblichen und männlichen Blüten tragen. Sie erblühen im zeitigen Frühjahr, wobei die männlichen Blütenstände große Mengen Pollen (über fünf Millionen pro Kätzchen) produzieren. Im Herbst entsenden die weiblichen Kätzchen zahlreiche geflügelte Früchtchen. Verbreitet werden sie über den Wind oder schwimmend auf dem Wasser. Ein Birkenbaum kann unter besonders günstigen Bedingungen über 150 000 Nachkommen produzieren. Die Keimlinge wachsen sehr schnell heran und erreichen im ersten Jahr oft schon einen Meter Wuchshöhe. Birkenbäume dienen deshalb nicht selten der Haldenbegrünung oder werden in Windschutzpflanzungen eingesetzt. Zunehmend erfreuen sie sich auch wieder als Hausbäume größerer Beliebtheit.

Hängebirke

Das Öffnen der Früchte ist für Tiere oft eine harte Nuss.

Die Gemeine Hasel produziert nur als Heckenpflanze regelmäßig Nüsse. Mit den Blättern werden Kreislaufstörungen bekämpft.

Haselnüsse werden schon seit Jahrtausenden vom Menschen als Nahrungsmittel geschätzt. In Mooren fand man neben menschlichen Lagerstätten aus vorgeschichtlicher Zeit Haselnussreste. Die Griechen und Römer der Antike kultivierten Haselnusssträucher in großem Stil. Als wichtiger Nahrungslieferant war die Gemeine Hasel *(Corylus avellana)* den Germanen heilig. Die sehr nahrhaften Nüsse enthalten große Mengen fetten Öls, Stärke und Rohprotein. Früher waren Haselnüsse ihres hohen Fettgehaltes wegen wichtige Energielieferanten. Auch sollen sie einen günstigen Einfluss auf das Nervensystem ausüben. Aus den Früchten wird ein wohlschmeckendes Speiseöl gewonnen, welches heute zudem in der Ölmalerei und Parfümerie zum Einsatz kommt. Heiß gepresst dient es als Brenn- und Maschinenöl oder gelangt in die Seifenfabrikation. Industriell verarbeitete Haselnüsse stammen meist von südeuropäischen Schwesterarten der im Erzgebirge heimischen Hasel ab. Sie liefern ein Dessertobst und ersetzen dabei oft die teureren Mandeln.

Der Haselnussstrauch besiedelt frische, lockere, tiefgründige und nährstoffreiche Lehmböden. Die sauren Standorte des Erzgebirges werden nur bei ausreichender Wasserversorgung toleriert. In unserer Region ist die Hasel Bestandteil der Ersatzgesellschaft der ursprünglichen Buchen-Tannen-Wälder. Das bestandsbildende Vorkommen im Unterholz krautreicher Laubmischwälder charakterisiert die Hasel als Licht- bzw. Halbschattenpflanze. Besonders häufig ist die Art in Hecken und Rainen anzutreffen, formt Waldränder und Gebüsche. Dort bildet der Strauch jährlich Samen aus, während in buschartigen Waldbeständen Samenschübe im Abstand von drei bis vier Jahren auftreten.

Die Gemeine Hasel ist in ganz Europa bis Westasien mit Ausnahme der nördlichen Gebiete und des Mittelmeerraumes beheimatet. Da sie eine geringe Winterhärte aufweist und sommerwarme Standorte bevorzugt, steigt die Pflanze im Erzgebirge selten höher als 800 Meter über dem Meeresspiegel. Sie erreicht in der Regel Wuchshöhen von nicht mehr als sechs Metern. Nach der letzten Eiszeit hat sich die Hasel rasch über ganz Mitteleuropa ausgebreitet und wahrscheinlich zusammenhängende Haselhaine gebildet. Haselnüsse gelten als Symbol für Wohlstand und Reichtum, weshalb die Sträucher früher neben dem Holunder in keinem erzgebirgischen Bauerngarten fehlen durften. In den Hausgärten wird sie heute in zahlreichen Kultursorten zur Schattenspende angepflanzt, zum Teil in Form einer rotblättrigen Variante, der sogenannten Bluthasel oder einer bizarren Wuchsform, der Korkenzieherhasel. Der Strauch verträgt selbst radikalen Rückschnitt und bildet zahlreiche Neutriebe.

Neben der Nuss liefert die Hasel dem Menschen vielfältige weitere Rohstoffe. Das Holz gilt als weich und leicht spaltbar und findet somit Anwendung als Fassstreifen in der Böttcherei oder wird in der Drechslerei und Tischlerei verarbeitet. Haselsträucher liefern beste Korbmacherruten. Die Späne des Holzes gelangen in die Bier- oder Essigfabrikation. Auch gute Brenn- und Zeichenkohle wird aus Haselholz gewonnen. Ziegen und Schafe fressen gern das Laub des Strauches. Für den

pharmazeutischen Einsatz werden die Blätter in den Monaten Mai bis August gesammelt und in dünner Schicht getrocknet. Sie enthalten neben ätherischen Ölen Glykoside und Zucker. Abgesehen von ihrer Verwendung zur Behandlung von Krampfadern und Kreislaufstörungen werden Haselblätter harntreibenden Tees zugesetzt.

Die Laubblätter des Haselnussstrauches stehen zweizeilig bis verstreut an grauen, mit Korkwarzen besetzten und in der Jugend drüsig rauhaarigen Zweigen. Sie besitzen eine rundliche bis verkehrteiförmige Gestalt mit kurzem Spitzchen, sind grob doppelt gesägt und relativ groß (Länge bis zu 13 Zentimeter). Im Erzgebirge öffnen sich die Blüten der Haselnusssträucher je nach Witterung meist schon im Februar bis März. Den männlichen Blütenstand stellt ein walzenförmiges Kätzchen dar, weibliche Blüten sind knospenartig, besitzen jedoch leuchtend rote Narben. Die Frucht wird schließlich von drei verwachsenen Hochblättern eingehüllt. Aufgrund der zeitigen Entwicklung der Blüten im Frühjahr stellt der Strauch einen der wichtigsten Pollenlieferanten für Insekten, besonders der Honigbiene, dar. Gleichzeitig ist er aber auch einer der bedeutendsten Allergie- und ein schlimmer Pollinosiserreger. Die Nuss wird von Tieren, beispielsweise Bilchen oder dem Kleiber, verschleppt. Der Haselmaus verlieh der Strauch ihren Namen. Da das Öffnen der harten Nussschale mit hohem Zeitaufwand verbunden ist, verlieren die Tiere oft durch plötzliche Störung die Frucht und tragen auf diese Weise zur Verbreitung der Hasel bei. Haselnusssträucher lassen sich aber auch leicht durch Stecklinge vermehren. Als Pionierpflanze bereitet der Strauch den Boden für andere Pflanzenarten vor.

Gemeine Hasel

Dornröschen bietet Vögeln Winternahrung.

Heckenrosen erreichen ein hohes Alter.
Die vitaminreichen Früchte stärken das Immunsystem.

Noch lange bis in die kalte Jahreszeit hinein entdeckt man an Feldwegen und Waldrändern im Erzgebirge, in Hecken und auf Lesesteinhaufen sowie nicht selten in alten Bauerngärten Sträucher, die große Mengen roter Früchte tragen. Von diesem Umstand berichtet auch das Kinderlied vom „Männlein im Walde". Das Märchen vom Dornröschen weist dagegen auf die stark bestachelten, meist grünen Zweige der Heckenrose *(Rosa canina)* hin. Diese Abwehreinrichtungen bieten dem Strauch Schutz vor Tierfraß. Die Pflanze treibt zudem verholzte Bodenausläufer. Sie verleihen ihr ebenfalls Widerstandsfähigkeit gegen Beweidung oder Feuer und garantieren eine umfangreiche ungeschlechtliche Vermehrung. Unsere heimische Heckenrose besiedelt leichte, nährstoffreiche, nicht zu trockene Böden und zeigt durch zahlreiche Basistriebe einen charakteristisch kuppelartigen Wuchs. Sie ist in fast ganz Europa verbreitet und tritt zudem auch in den Subtropen im Gebirge auf. In Europa steigt die Heckenrose in Höhen bis 1500 Meter über dem Meeresspiegel. Von den 100 bis 400 Wildrosenarten – über die genaue Zahl ist sich die botanische Wissenschaft nicht einig – kommen etwa 40 in Europa vor.

Die Heckenrose erreicht als Kletterstrauch eine maximale Wuchshöhe von zwei Metern, kann aber über 300 Jahre alt werden. Sie wird gern als Ziergehölz in Parks und Grünanlagen gepflanzt. Die gefiederten Blätter der Heckenrose stehen spiralig an den Zweigen. Auffällig ist ein Wachsbelag, der ihre Benetzung verhindert. Die rosafarbenen Heckenrosenblüten gelten als Urform der Rosenblüte. Sie erreichen Durchmesser von bis zu fünf Zentimetern, besitzen fünf Kelch- und ebenso viele Kronblätter und verströmen einen intensiven Duft. Pollen wird nur in den Vormittagsstunden angeboten. Die Kombination aus beidem lockt Käfer, Schwebfliegen, Läuse und Ohrwürmer an. Rosenkäfer ruhen nachts in den zu dieser Tageszeit geschlossenen, warmen Blüten. Die Fruchtbildung der Heckenrose tritt jedoch auch ohne Bestäubung ein. Verschiedene Insektenarten leben im pflanzlichen Gewebe der Rose und erzeugen nicht selten auffällige Gallen, zum Beispiel die als „Rosenkönig" bekannten roten Büschel der Rosengallwespe an den Zweigen. Der Ursprung der Zierrose liegt im mittleren und südwestlichen Asien. Schon seit dem Altertum wird ihre Kultur überliefert. Durch Kreuzfahrer gelangte die Pflanze im Laufe des Mittelalters nach Nordeuropa.

Landläufig werden die ovalen, glänzenden Früchte der Heckenrose als „Hagebutten" bezeichnet. Der Name leitet sich von den althochdeutschen Begriffen „hag" für dichtes Gebüsch sowie „butte" für Klumpen ab. Die Hagebutten dienen vielen Vögeln in der kalten Jahreszeit als Nahrung. Auf diese Weise werden die Samen in neue Lebensräume verbreitet. Im zweiten Jahr nach der Aussaat keimen sie. Als Scheinfrucht umschließt der Achsenbecher der Blüte die eigentlichen Früchte. Diese Nüsschen befinden sich zudem in zahlreiche Haare eingebettet.

Die Haare müssen vor einer pharmazeutischen Verwendung der Hagebutten entfernt werden. Ihre Verwendung als Juckpulver war früher bei den Kindern im Erzgebirge weit bekannt und gefürchtet. Hagebutten enthalten Karotin, Fruchtzucker, Mineralstoffe wie Eisen und Magnesium,

Natrium, Phosphor und Schwefel, Pektin, Pflanzensäuren, die Vitamine E, K, A, B und vor allem Vitamin C. Dessen Gehalt ist dabei zwanzigfach höher als in Zitrusfrüchten. Außerdem liegen die Vitamine in gut verfügbarer Kombination vor. Dank der Inhaltsstoffe sollen Hagebutten blutgerinnungsfördernd und immunsystemstärkend wirken, was jedoch schulmedizinisch nicht belegt ist. Sie werden im September bis November nach den ersten Frosttagen gesammelt und (eventuell zerteilt) in dünner Schicht bei künstlicher Wärme getrocknet. Wenn die Früchte nach den ersten Frösten schon sehr weich am Strauch hängen, lässt sich das süße Fruchtmark bei bestimmten Sorten zum Verzehr leicht ausdrücken. Die Zubereitung eines Kaltauszuges aus den Früchten erfolgt bei Nierenkrankheiten, während ein Mus zur Vorbeugung gegen Erkältungen dient. Auch gelangen Hagebutten in Sirup, Marmelade, Wein oder Likör, liefern Erfrischungs- und Haustees oder werden zu Hagebuttensuppe verarbeitet. In vielen Teemischungen finden sich Hagebutten als Geschmackskorrigens. Industriell verarbeitete Rosenfrüchte werden hauptsächlich aus Südeuropa, zum Teil aber auch aus Chile und China importiert.

Die Rosenblüten enthalten große Mengen ätherisches Öl. Aus ihnen wird Rosenöl gewonnen. Hierzu dienen Schwesterarten der Heckenrose, vor allem die Damaszener Rose *(Rosa damascena)* sowie die Moschus-Rose *(Rosa moschata)*. Die Blütenblätter der Essigrose *(Rosa gallica)* werden als entzündungshemmender Teeaufguss benutzt. Die Blütenblätter von Heckenrosen werden in geringen Mengen zu Salat gegeben, kandiert und als Backwarenverzierung benutzt oder zu Rosennektar beziehungsweise Rosenlikör verarbeitet. Da ihnen ein leicht zusammenziehender und gewebefestigender Effekt zugeschrieben wird, werden Rosenblütenprodukte auch pharmazeutisch hergestellt. Nicht zuletzt ersetzten die Rosenblätter früher zuweilen den Tabak.

Heckenrose

Besenkraut liefert die letzten Farbtupfer des Jahres.

Das Heidekraut kann eine Wiederbewaldung verhindern. Ein Haustee aus der Pflanze zeigt beruhigende Wirkung.

Am Rande der im Erzgebirge noch vereinzelt vorkommenden Moorstandorte, in Heiden oder an Silikatfelsen gedeiht ein immergrüner Zwergstrauch, welcher erst im Spätsommer in voller Blüte steht. Landläufig gilt dieses mit der „Pilzzeit" zusammenfallende Naturphänomen als Zeichen für den nahenden Herbst. Die Blüten des Heidekrautes *(Calluna vulgaris)* – dem Betrachter erscheinen sie wie kleine Glöckchen – stellen dabei eine der letzten reichen Bienenweiden des Jahres dar. Sie bilden die Grundlage des bekannten Heidehonigs. Der Nektar der violetten Blüten ist für den reichen Insektenbesuch – neben Wildbienen vor allem Kleinfalter – in vielblütigen endständigen Ähren leicht zugänglich. Die Schauwirkung wird dabei von den vergrößerten und rötlich gefärbten Kelchblättern übernommen. Nach Fremdbestäubung tritt eine reiche Samenproduktion ein, jedoch reifen die Samen erst im folgenden Jahr aus und werden anschließend über den Wind verbreitet. Keimfähige Heidekrautsamen können bis zu 100 Jahre im Boden ruhen. Das Heidekraut gehört einer eigenen Pflanzenfamilie, den Heidekrautgewächsen, an.

Das anspruchslose aber lichtbedürftige Heidekraut bildet an nährstoff- und basenarmen Standorten oft ausgeprägte Bestände aus. Vor allem auf sandigen Böden entwickelt die Pflanze bis zu 50 Zentimeter hohe Sträucher. Das Kraut gilt als Säurezeiger sowie Lichtkeimer und Lichtpflanze. Es besiedelt geeignete Habitate als Pionierpflanze. Durch den dichten Zusammenschluss der verzweigten Stämmchen und ihre niederliegenden, tief wurzelnden Seitensprosse besitzt das Heidekraut hohe Konkurrenzkraft gegenüber anderen Arten und kann selbst eine Wiederbewaldung gerodeter Flächen erfolgreich verhindern. Im Erzgebirge sind auf diese Weise entstandene typische Heidekrautstandorte meist die Folge des Abbaus von Hochmooren. Die ledrigen, ein bis drei Millimeter langen Blätter des Heidekrautes, welche im Gegensatz zur echten Heide vierzeilig-gegenständig und schuppenförmig ausgebildet sind, gelten als Anpassung an stickstoffarme Böden. Die Pflanze lebt in enger Symbiose mit einem Wurzelpilz, welcher ihre Ernährung unterstützt. Sie wird zudem durch eine ausgeprägte Unempfindlichkeit gegenüber Wärme und Feuchtigkeit charakterisiert und ist winterhart. Heidekrautpflanzen erreichen ein Alter von bis zu 40 Jahren. Bei regelmäßigem Verbiss durch Schafe werden sie noch älter, eine Beweidung toleriert das Heidekraut ausgesprochen gut. Durch den Rückgang der Schafhaltung nehmen die Heidestandorte vielerorts in Deutschland aber allmählich wieder ab. Die Pflanze ist in der gemäßigten Zone häufig und kommt bis weit in den Norden vor. Nach Nordamerika wurde sie vom Menschen eingeschleppt und verbreitet sich dort nun rasch. Heidekrautsamen fand man in Dänemark schon in eiszeitlichen Ablagerungen.

Für pharmazeutische Zwecke wird das gesamte Kraut zur Blüte von Juli bis Oktober gesammelt und von den verholzten Teilen befreit. Es enthält die Flavonglykoside Querzitrin und Myrizitrin, zudem Kieselsäure, Schleim- und Gerbstoffe. Vor allem letzteren wird eine entzündungshemmende und beruhigende Wirkung zugeschrieben. Innerlich kommt der Absud bei Erkrankungen der Nieren und ableitenden Organe zum Einsatz. Er soll rheumatische Beschwerden und Gicht positiv beeinflussen und zusätzlich schwach desinfizierend wirken. Dieser Effekt wird auch äußerlich bei der Anwendung eines Heidekrautöls gegen Hautflechten ausgenutzt, ebenso wie bei der Benutzung des Krautes als Badewasserzusatz. Da das Heidekraut leicht narkotisch wirkt, erfolgt zudem der Einsatz bei Schlaflosigkeit. Es eignet sich aufgrund der insgesamt schwachen Wirkung als Haustee. Teemischungen verleiht das Heidekraut einen honigartigen Geschmack.

Der Gerbstoffreichtum des Heidekrautes war Grundlage seiner ehemaligen Benutzung in der Gerberei. Früher wurde es zudem zum Braun-, Gelb- oder Schwarzfärben von Tüchern eingesetzt. In heutiger Zeit findet es sich nicht selten als robuste Zierpflanze in verschiedenen Farbvarianten zum Beispiel auf Friedhöfen und in Vorgärten. Von der Floristikindustrie werden heute mehr als hundert verschiedene Heidekrautsorten für den Garten oder Balkon angeboten, darunter besonders großblütige Pflanzen mit einer ausgedehnten Blütezeit oder farbigem Laub. Sie ähneln den ebenfalls verwendeten *Erica*-Arten. Die Herstellung von Besen aus der Pflanze führte zu der deutschen Bezeichnung „Besenheide", und auch der wissenschaftliche Name nimmt darauf Bezug. Das griechische *kallynein* bedeutet „fegen". Es kann aber auch mit „reinigen" übersetzt werden, in Bezug auf die pharmazeutische Wirkung der Pflanze. Der althochdeutsche Name „heida" geht auf das indogermanische Wort für „unbebautes Land" zurück.

Heidekraut

Schwarzbeerleute suchen Vitaminquelle im Gebüsch.

Die Heidelbeere benötigt eine Schneedecke im Frühjahr. Die Farbstoffe aus den Früchten verleihen dem Wein eine rote Farbe.

Die Blau-, Schwarz-, Bück-, Most-, Wald- oder Heidelbeere *(Vaccinium myrtillus)* bildet als Charakterart den Unterwuchs der Gebirgsfichtenwälder im Erzgebirge. Nicht selten tritt sie mit verwandten Arten aus der Familie der Heidekrautgewächse, wie der Preiselbeere *(Vaccinium vitis-idea)*, vergesellschaftet auf. Weitere typische Habitate der Pflanze sind lichte Laub- und Nadelwälder sowie Moor- und Bergheiden. Der Name „Heidelbeere" entstammt dem Althochdeutschen und bedeutet „Beere im Gebüsch", abgeleitet von *heitperi*. Die Pflanze zeigt eine zirkumpolare Verbreitung. Sie besiedelt vor allem frische, nährstoffreiche und saure Böden mit genügend Resten organischer Substanz.

Die niederschlagsreichen, humiden Lagen des Erzgebirges gelten als heidelbeerreich. Da das Kraut aufgrund ausgeprägter Spätfrostempfindlichkeit eine Schneedecke im Frühjahr benötigt, können in schneearmen Jahren jedoch ganze Bestände oberirdisch erfrieren. Das Überleben ermöglicht dann ein bis in einen Meter Tiefe vordringendes Wurzelsystem mit seinen weitstreichenden Ausläufern. An den unterirdischen Organen lebt symbiontisch ein Pilz der Gattung *Phoma*, welcher die Pflanze mit Nährstoffen versorgt. Diese besondere Lebensgemeinschaft macht die Heidelbeere aber auch anfällig gegenüber Umweltgiften, vor allem Schwefeldioxid, da die Schadstoffe die enge Bindung zwischen Pilz und Pflanze zerstören. Auch Walddüngung und -kalkung wirken sich nachteilig auf die Heidelbeere aus. Unter günstigen Wuchsbedingungen steigt die Pflanze bis auf 2500 Meter über dem Meeresspiegel. Oberhalb der Waldgrenze trägt sie zum Schutz des Bodens vor Auswaschung, Abschwemmung und Viehtritt bei. Da die Blätter im Herbst abfallen, verbessert sie außerdem durch Humusanreicherung den Boden.

An den grünen, scharfkantigen Zweigen des kriechenden Halbstrauches stehen zur Blütezeit ab April einzeln in Blattachseln die hellroten, glockigen Blüten. Sie sind sehr nektarreich und locken zur Bestäubung vor allem langrüsslige Bienen und Hummeln an. Die blass bereifte, blaue Frucht wird über den Verdauungsweg zum Beispiel durch Schnecken, Füchse und die im Erzgebirge selten gewordenen Rauhfußhühner verbreitet. Die Laubblätter der Heidelbeere sind sehr kurz gestielt und besitzen einen fein gesägten Rand. Der stark verzweigte Heidelbeerstrauch erreicht bis zu 50 Zentimeter Wuchshöhe. Durch vegetative Vermehrung kann eine einzelne Pflanze innerhalb von 1000 Jahren einen Hektar Lebensraum erschließen!

Von dieser Fläche lassen sich in ertragreichen Jahren bis zu 300 Kilogramm Früchte ernten. Zu früheren Zeiten wurde die Heidelbeerernte großflächig betrieben. Die Sammler erhielten im erzgebirgischen Sprachgebrauch die Bezeichnung „Schwarzbeerleute", ebenso wie die Brombeerpflücker. Sie gewannen die Früchte mit Holzkämmen und verkauften sie in den Städten. Verschiedene erzgebirgische Flurstücke erhielten durch das Vorkommen der Pflanze ihren Namen. Heidelbeeren zählten zudem in den kargen Bergregionen zu den wenigen Früchten, die man für den Winter sammeln konnte. Sie wurden dazu getrocknet, in späterer Zeit auch eingekocht.

Heidelbeer-Früchte bestehen aus bis zu 30 Prozent Pektin, Fruchtzucker und diversen Fruchtsäuren sowie Vitaminen. Der in ihnen enthaltene violette Farbstoff gelangte früher zur Rotfärbung in den Wein. In Kombination mit verschiedenen Zusätzen entstand zudem daraus rote Malerfarbe. Heidelbeeren gelten als adstringierend und werden in Form einer Abkochung gegen unspezifische Durchfallerkrankungen eingesetzt. Frisch bewirken sie jedoch in größeren Mengen das Gegenteil. Als Geschmackskorrigens werden Heidelbeeren gern in Früchteteemischungen eingesetzt. Die antibakterielle Wirkung des Inhaltsstoffes Myrtillin ist Grundlage ihrer Verwendung bei Entzündungen im Mund- und Rachenraum. Aufgrund des hohen Hydrochinongehaltes sind die Blätter der Heidelbeere als schwach giftig einzustufen und sollten dementsprechend nur äußerlich gegen Entzündungen angewendet werden. Ihre Ernte geschieht in den Monaten Juni bis Oktober von nichtblühenden Zweigen. Die Früchte werden ab August gewonnen. Sie können frisch verzehrt oder zu Saft beziehungsweise Marmelade verarbeitet werden. Auch ein Heidelbeerwein mit antibakterieller Wirkung oder ein alkoholischer Extrakt wird aus ihnen zubereitet. Die im Lebensmittelhandel erhältlichen Heidelbeeren sind meist weniger aromatisch und stammen von nordamerikanischen Arten, während Heidelbeeren zu pharmazeutischen Zwecken heute hauptsächlich in Italien, Polen, Russland und den Balkanländern angebaut werden.

Heidelbeere

Pflanze der Schlagflur gilt als wertvolle Bienenweide.

Himbeeren wurden schon in Klostergärten kultiviert. Die Blätter der Pflanze ergeben Erfrischungsgetränke und Haustees.

Bei Ausgrabungen von Pfahlbauten aus der Neusteinzeit wurden Steinkerne gefunden, welche eindeutig den Früchten der Himbeere *(Rubus idaeus)* zugeordnet werden konnten. Die Funde belegen eine frühe Verwendung dieser Früchte durch den Menschen. Später, im antiken Griechenland, erfreute sich die Pflanze größter Beliebtheit. Im Mittelalter kultivierten Mönche sie in ihren

Klostergärten. Die Himbeere gehört zur äußerst formenreichen Gattung der Brombeeren. Im Unterschied zu echten Brombeeren sind bei ihr die Stacheln auf den Mittelnerven der Blätter und an den Blattstielen deutlich schwächer ausgeprägt. Auch lässt sich die Frucht, im botanischen Sinne eine Sammelsteinfrucht, zur Reifezeit vollständig vom Blütenboden ablösen.

Der aufrechte Strauch blüht im Erzgebirge in den Monaten Juni und Juli. An den unscheinbaren, oft nickenden Blüten sitzen jeweils fünf weiße Kron- und grüne Kelchblätter. Letztere verbleiben an der Frucht, während die Blütenblätter oft schon nach zwei Tagen abfallen. Eine dichte Behaarung verleiht den drei- bis siebenzählig gefiederten Blättern unterseits eine weißliche Färbung, oberseits glänzen sie grün. Die Blüten entwickeln sich zu den bekannten roten und aromatischen Himbeerfrüchten. Wilde Himbeerpflanzen tragen bis in den September hinein Früchte. Zu Kulturzwecken wurden auch schwarz- oder gelbfrüchtige Sorten gezüchtet.

Die sommergrüne Himbeerpflanze wird als Lichtpflanze und Stickstoffzeiger charakterisiert. Sie ist in Europa, Nordamerika sowie den gemäßigten Breiten Asiens verbreitet. In diesem Gebiet kommt sie von der Ebene bis in Gebirgslagen vor. Sie besiedelt niederschlagsreiche, auch weniger milde Klimalagen wie die des Erzgebirges vor allem auf Waldlichtungen und an Waldrändern. Bei starker Beschattung bringt die Pflanze nur in geringem Umfang Früchte hervor. Die Pflanze tritt als regelmäßiger Bestandteil der Schlagfluren auf und erreicht dort optimale Wuchshöhen von bis zu zwei Metern. Obwohl sie geringe Standortansprüche aufweist, bevorzugt die Himbeere lockeren, nährstoffreichen, frischen und offenen Boden. Sie gilt als konkurrenzschwach, kann aber durch wurzelbürtige Adventivsprosse neue Standorte rasch besiedeln. Ihre Wurzel breitet die Himbeere weitläufig unter der Erdoberfläche aus, ältere Pflanzen bilden auf diese Weise lockere Gebüsche.

Die Himbeerfrüchte sitzen in den Blattachseln zweijähriger Triebe, die nach der Vegetationszeit im zweiten Jahr absterben. Sie enthalten hohe Mengen Vitamin C sowie organische Säuren. Gesammelt werden die Früchte in den Monaten Juli und August. Himbeeren können als Wildobst verwendet oder mit Zucker zu Sirup (als Getränk bei Fieber einzunehmen) verarbeitet werden. Außerdem gelangen sie in Marmeladen, Liköre, Gelees und vieles mehr. Himbeerpflanzen werden zu diesem Zweck in zahlreichen ertragreichen Kultursorten angebaut. Eine Verwendung der Himbeerblätter als Salbe gegen Augenentzündungen findet sich schon bei den Römern aufgezeichnet.

Sie werden von Juni bis September gesammelt und enthalten vor allem Gerbstoffe, weshalb ihnen ein schleimlösender, mild zusammenziehender und blutstillender Effekt zugeschrieben wird. Die Wirksamkeit gilt jedoch als schulmedizinisch nicht belegt. Gegen Magenbeschwerden sowie zur Unterstützung der Gallensaftabsonderung kommen die Blätter in der Volksmedizin ebenfalls zum Einsatz. Äußerlich werden sie bei chronischen Hautkrankheiten in Form einer Salbe angewendet. Himbeerblätter waren lange Zeit Hauptrohstoff für die Herstellung alkoholfreier Erfrischungsgetränke und ergeben gemeinsam mit Brombeer- und Erdbeerblättern sowie Schafgarbe, Pfefferminze und Lindenblüten den berühmten erzgebirgischen Haustee. Aufgrund ihres angenehmen Geschmacks werden Himbeerblätter in industriellen Teemischungen verwendet, fermentiert ersetzen sie sogar den schwarzen Tee. Zu diesem Zweck wird die Pflanze hauptsächlich in Mittel- und Osteuropa angebaut.

Die Himbeerblüten zeigen die Zugehörigkeit der Pflanze zur Familie der Rosengewächse an. Sie sondern große Mengen eines ausgesprochen zuckerhaltigen (bis zu 46 %) Nektars ab. Aus diesem Grund schätzt man Himbeerpflanzen als wertvolle Bienenweide. Auch Falter und Käfer besuchen die Blüten. Unter ihnen befinden sich einige sehr eng an die Himbeere gebundene Arten, wie der Himbeerblütenstecher oder der Himbeerkäfer, deren Larven die bekannten Himbeermaden darstellen.

Himbeere

Pflanze mit hoher Fruchtbarkeit blüht selbst unter Schnee.

Das robuste Hirtentäschel entwickelt sich rasch auf neu entstandenen Schuttflächen. Ein Tee aus dem Kraut unterstützt den Kreislauf.

Das Hirtentäschel *(Capsella bursa-pastoris)* besitzt einen äußerst widerstandsfähigen Charakter. Aus diesem Grund gedeiht es nahezu überall: auf Äckern, in Gärten, an Bachläufen, auf Schutt an Dämmen, oft auf magerem Boden, auf dem kaum eine andere Pflanze Fuß fassen kann. Ursprünglich war es nur in den gemäßigten Zonen Europas heimisch, kommt heute aber als

Kulturbegleiter auf der gesamten Erde vor. Es wächst sogar zwischen Pflastersteinen und auf sonnigen Steinmauern. Besonders häufig ist es an Wegrändern, Triften und Rainen zu finden. Seinen Erfolg verdankt das Hirtentäschel der ungeheuren Fruchtbarkeit. In der Regel benötigt es keine Insekten zur Befruchtung. Jährlich kann eine Pflanze bis zu 50 000 Samen erzeugen, da sie von März bis zum Frosteintritt blüht. Die Samen bleiben über viele Jahre im Boden keimfähig. Manchmal findet man sogar unter Schnee noch blühende Pflanzen, da diese nur während längerer Frostperioden in einen Ruhezustand wechseln. Damit gehört das Hirtentäschel im Erzgebirge zu den ersten grünen Pflanzen im Frühling.

Die breite Standorttoleranz und die ausgedehnte Blühperiode bedingen eine Vielfalt an Gestalt. Leicht kenntlich ist das Hirtentäschel an der grundständigen Blattrosette aus mehr oder weniger gelappten Blättern, die einen 20 bis 40 cm hohen Blütenstengel hervorbringt. Die Blattrosette zeigt besonders im Herbst und im Frühjahr eine kräftige Entwicklung. Sie sitzt einer spindelförmigen Wurzel auf, die oft in große Tiefen vordringt. Das Hirtentäschel gehört der artenreichen Familie der Kreuzblütengewächse an. Am Blütenschaft befinden sich im Spitzenbereich die winzigen (maximal zwei Millimeter Länge) weißen Blüten in einem traubigen Blütenstand, gefolgt von den herzförmigen Früchten und den kleinen Stengelblättern. Während der Blütezeit verlängert sich der Schaft stetig. Da das Hirtentäschel sehr geringe Standortansprüche stellt – nur Stickstoffsalze sollten in nicht zu geringer Menge vorliegen – besiedelt es als eine der ersten Pionierpflanzen Brachland und Schuttflächen. Besonders sonnige Standorte werden von dem Kraut bevorzugt. Bei seiner Verwesung setzt es dem Boden organisches Material zu und erhöht so dessen Nährstoffgehalt. In dieser Weise trägt es zur Flächenregeneration bei. Zahlreiche Wildvögel ernähren sich von den Früchten des Hirtentäschelkrautes, und auch Ziervögel nehmen das Hirtentäschel nach kurzer Eingewöhnungszeit gern an.

Die Früchte des Hirtentäschels besitzen eine verkehrt-herzförmige Gestalt. Sie verliehen dem Kraut seinen deutschen Namen. Weitere Volksbezeichnungen lauten: „Beutelschneiderkraut", „Geldbeutel", „Kochlöffel" oder „Himmelmutterbrot". Schon bei den Griechen und Römern war das Hirtentäschel als Heilpflanze bekannt, geriet jedoch im Mittelalter in Vergessenheit. Erst in Kräuterbüchern des 16. und 17. Jahrhunderts wurde es wiederentdeckt. Im Ersten Weltkrieg wurde es mit geringem Erfolg zur Blutstillung als Mutterkornersatz (giftiger Pilz, der auf Getreidekörnern parasitiert und dessen Wirkung wesentlich stärker ist) eingesetzt.

Im gesunden Zustand – nicht selten zeigen die Pflanzen einen durch Pilzbefall hervorgerufenen weißlichen Belag und sollten in diesem Zustand nicht gesammelt werden – wird das ganze blühende Kraut einschließlich der grundständigen Blätter in den Monaten Mai bis August geerntet und in dünner Schicht an schattigen und gut belüfteten Plätzen getrocknet. Es enthält vor allem Kaliumsalze, Cholin und Acetylcholin (zwei Erregungsüberträgersubstanzen im Nervensystem des Menschen), weiterhin Flavonoide und biogene Amide (natürlich vorkommende Stickstoffverbindungen). Aufgrund Letzterer sollen Extrakte des Hirtentäschels blutstillend wirken, da sie die Blutgefäße zusammenziehen, sowie dosisabhängig den Blutdruck variieren. Dementsprechend wurde früher der Tee unterstützend bei inneren Blutungen und bei Nasenbluten eingesetzt. Bekannt ist auch die Anwendung des Hirtentäschels als mild wirkendes, kreislaufunterstützendes Mittel und als Regulans für eine erschlaffende Darmtätigkeit. Eine innere Anwendung des Krautes wird heute jedoch nicht mehr empfohlen, da die Unbedenklichkeit des Krautes nicht erwiesen ist. Insbesondere vor einer Benutzung während der Schwangerschaft wird gewarnt. Für pharmazeutische Zwecke wird das Hirtentäschel hauptsächlich aus Russland, Bulgarien, Polen und Ungarn importiert. In vielen dieser Länder verwenden die Menschen es als beliebtes Wildgemüse. Nicht zuletzt soll älteres Kraut, im Zimmer aufgehängt, lästige Insekten vertreiben.

Hirtentäschel

Lebende Hausapotheke produziert Reiseproviant für Stare.

Der widerstandsfähige Holunder fördert die Kompostbildung. Die Blüten des Strauches werden gegen Erkältungskrankheiten eingesetzt.

Das natürliche Verbreitungsgebiet des Schwarzen Holunders *(Sambucus nigra)* liegt in Europa, Kleinasien, Westsibirien und Nordafrika. Da er einen äußerst widerstandsfähigen und winterfesten Charakter besitzt, kommt er im rauen Klima des Erzgebirges auf Schlägen, in Gebüschen und an krautigen Waldrändern häufig vor. Ursprünglich, das heißt vor der Veränderung der Landschaft durch den Menschen, wuchsen die Holunderpflanzen in Auwäldern und an Flussufern. Im Erzgebirge ist zudem der Bruder des Schwarzen Holunders, der Traubenholunder *(Sambucus racemosa)* auf sonnigen bis halbschattigen, oft steinigen Böden nicht selten anzutreffen. Aufgrund seiner Vorliebe für nährstoff-, vor allem stickstoffreiche Böden tritt der Schwarze Holunder

schon seit alters her in Zivilisationsnähe, so in Siedlergärten und an den Erzgebirgsbauernhöfen, auf. Als typischer Haus- und Schutzbaum durfte er nicht gefällt werden. Aufgrund der Tatsache, dass der Holunder einen positiven Einfluss auf die Entwicklung des Kompostes ausübt, wurde er oft in die unmittelbare Nähe desselben gepflanzt. Die ländliche Bevölkerung soll in früheren Tagen gar vor dem bis zu zehn Meter hohen Strauch den Hut gezogen haben, brachte er doch dem Menschen in mancher Hinsicht großen Nutzen und galt als lebende Hausapotheke. Zahlreiche Volksnamen wurden dem Schwarzen Holunder gegeben, so unter anderem „Holderbusch“, „Flieder“ oder „Holler“. Nach altem vorchristlichem Glauben verkörperte der Holunder das Wesen der milden und freundlichen Göttin Freya, auch Frau Holle genannt.

Heute finden hauptsächlich die Blüten des Schwarzen Holunders heilkundliche Anwendung. Sie enthalten ätherisches Öl, Schleim- und Gerbstoffe sowie Glykoside und Vitamin C. Der Holunderblütentee wird als schweißtreibendes Mittel eingesetzt, um Erkältungskrankheiten und Fieber zu bekämpfen. Holunderblüten sind dementsprechend in zahlreichen Teemischungen und Fertigarzneimitteln gegen Erkältungskrankheiten und Husten enthalten. Die Wirkstoffe sollen auf vielfältige Weise den Stoffwechsel beeinflussen und die körpereigenen Abwehrkräfte stärken. Holundertee, auch „Fliedertee“ genannt, kommt zudem als Gurgelmittel bei Mund- und Rachenraumentzündungen zum Einsatz. Die Blüten werden zur Blütezeit von Mai bis Juni gesammelt und rasch im Schatten getrocknet. Im frischen Zustand ist ihre Zubereitung ohne Stielchen in Pfannkuchenteig gebacken oder die Herstellung des Holundersekts (die in den Blüten lebenden Wildhefen vergären den mit Zucker versetzten Sud) weit bekannt. Zudem werden die Blüten ebenso wie die Laubblätter in der Volksheilkunde zu einer Salbe verarbeitet, die bei Hautentzündungen und Prellungen lindernden Einfluss aufweisen soll. Den Blättern wird, zerrieben, eine insektenvertreibende Wirkung nachgesagt. Die vitamin- und mineralstoffreichen Beeren wirken wie sämtliche grünen Pflanzenteile roh giftig und können zu starken Verdauungsbeschwerden mit heftigen Bauchkrämpfen führen. Sie ergeben aber gekocht und von den Kernen befreit eine schmackhafte Suppe, Marmelade oder Saft. Im September bis Oktober werden sie ausschließlich bei voller Reife geerntet. Funde in stein- und bronzezeitlichen Siedlungen belegen, dass bereits in der menschlichen Frühgeschichte Holunderfrüchte gesammelt wurden. Industriell wird heute aus dem stark färbenden Saft der Holunderbeeren ein violetter Lebensmittelfarbstoff (Basis sind spezifische Pflanzenfarbstoffe: Anthocyane) gewonnen. Der Traubenholunder besitzt rote Früchte, die nicht verwendet werden.

Zur Fruchtzeit beugt sich oftmals der Holunderstrauch unter der Last seiner schwarz glänzenden Steinfrüchte. Wie die gelblich-weißen Blüten, die einen starken, angenehmen Duft ausströmen, stehen sie in dichten Scheindolden. Die weitstreichenden flachen Wurzeln halten den Strauch aber fest verankert. Die Ursache für die Belastbarkeit der oft weit ausladenden Holunderäste ist ihr weiches Mark. Davon leitet sich vermutlich auch der Name des Holunders ab, der auf die Benutzung der ausgehöhlten Zweige als Flöten, Pfeifen und Wasserspritzen in Kinderkreisen Bezug nimmt. Holunderholz wird in der Kammmacherei und Drechslerei eingesetzt. Die Borke älterer Triebe ist rissig und besitzt eine graue Farbe, während junge Triebe grün gefärbt sind. Jedes Blättchen der unpaarig gefiederten Laubblätter zeigt einen gesägten Rand.

Der Holunder gehört zur Familie der Geißblattgewächse. Die Hülle der Einzelblüten ist am Grunde verwachsen. Zur Blütezeit lockt ein Strauch zahllose Insekten an und bietet ihnen Nektar. Obwohl auch Selbstbestäubung vorkommt, übernehmen oft Fliegen und Käfer die Bestäubung. Die Früchte erfreuen sich im Herbst bei den im Erzgebirge heimischen Singvögeln größter Beliebtheit, weshalb der Holunder als Vogelnährgehölz eingestuft wird. Sie dienen zum Beispiel dem Star als willkommene Vitaminquelle vor der Abreise in den Süden. Die Tiere fallen oftmals geräuschvoll in Scharen über die Beeren her. Durch die Vögel werden die Samen, welche sie wieder unverdaut ausscheiden, verbreitet. Vom Holunder sind keine spezifischen Pflanzenkrankheiten bekannt. Der Strauch lebt in enger Symbiose mit Pilzen an seinen Wurzeln. Besonders auf abgeholzten Waldflächen trägt die Art zur Bestandsregeneration bei, da sie die stickstoffhaltige Bodenschicht schnell verwertet und das Substrat für langsam wachsende Baumarten vorbereitet.

Holunder

Pionierpflanze bietet nur bei sonnigem Wetter Nektar.

Die Samen des Huflattichs können schon nach wenigen Stunden neue Pflanzen bilden. Das Kraut soll in Dampfbädern Entzündungen lindern.

Der Huflattich *(Tussilago farfara)* gehört zu den ersten Pflanzen der erzgebirgischen Flora, die nach der Schneeschmelze blühen. Vielerorts findet man schon von Februar bis April die leuchtend gelben Blütenköpfchen auf feuchten Äckern, in Uferbereichen und sogar an Bahndämmen und Straßen. Als Pionierpflanze besiedelt der Huflattich offene Erdstellen sowie nährstoffarme Böden an Sekundärstandorten. Da er offene, grund- oder sickerwasserfeuchte Böden bevorzugt, gelten Huflattichpflanzen als Lehm- sowie Staunässezeiger und weisen auf Bodenverdichtung hin. Durch den Bewuchs mit Huflattichpflanzen wird das Erdreich zusätzlich gefestigt. In den gemäßigten Breiten ist der Huflattich bis in die alpine Stufe auf über 2200 Höhenmeter vorgedrungen. Er kommt außerhalb Europas ebenfalls in Asien und Afrika natürlich vor und wurde vom Menschen nach Amerika eingeschleppt.

Schon im Winter sind die Blütenstandsknospen des Huflattichs am weit verzweigten Wurzelstock vollständig angelegt. Die Laubblätter entwickeln sich erst einige Wochen, nachdem die Pflanze gefruchtet hat, da der Blattaustrieb höhere Temperaturen benötigt. Nachts und bei trübem Wetter schließen sich die Blütenköpfchen, um sich bei Sonnenschein wieder zu öffnen und nach dem Stand der Sonne auszurichten. Während des Verblühens hängen sie herab, stellen sich jedoch zur Fruchtreife erneut auf. Die Blätter werden zu pharmazeutischen Zwecken nach ihrer Entfaltung gesammelt, wobei sie jedoch nicht mit den sehr ähnlichen Pestwurz-Laubblättern verwechselt werden sollten. Für industriell-pharmazeutische Huflattichprodukte verwendete Pflanzen werden in Wildsammlung gewonnen und aus Italien, vom Balkan und aus osteuropäischen Ländern importiert.

Die Anwendung des Huflattichs zu Heilzwecken lässt sich weit in der Geschichte zurück verfolgen. Schon die Gelehrten der griechischen Antike kannten diese Pflanze. Im Erzgebirge rauchte man früher Huflattichkraut gegen Reizhusten. Auch heute noch stellt Huflattich eine pharmazeutische Nutzpflanze, eingesetzt zum Beispiel in Hustenmitteln, dar. Jedoch wurden in der jüngsten Vergangenheit krebserregende Pyrrolizidinalkaloide in Huflattichpflanzen nachgewiesen. Außerdem zeigte das Kraut im Tierversuch eine leberschädigende Wirkung. Deshalb sollten vom Huflattich, wenn überhaupt, lediglich die Blätter und diese nur über einen kurzen Zeitraum und in schwacher Dosis angewendet werden, auch wenn die Konzentration der Alkaloide im Tee vermutlich nur gering ausfällt. Während der Schwangerschaft und Stillzeit sowie bei Kindern ist vom Einsatz der Pflanze generell abzuraten. Durch intensive Züchtungsforschung scheint es jedoch gelungen zu sein, mehr oder weniger schadstoffarme Huflattichsorten zu gewinnen.

Huflattich enthält an vermutlich wirksamen Bestandteilen ätherisches Öl, Gerb- und Bitterstoffe, Flavonoide, Schleimstoffe, Pflanzensäuren sowie den Speicherstoff Inulin. Durch den hohen Schleimstoffgehalt soll ein Gurgelwasser aus Huflattichkraut lindernd bei Schleimhautentzündungen in Mund- und Rachenraum wirken. Dampfbäder sowie Umschläge und Vollbäder des Teeaufgusses kommen bei Hautentzündungen zum Einsatz, während die frischen, gewaschenen Blätter auf schmerzende, entzündete Gelenke gelegt werden. Die bekannteste Wirkung ist jedoch der positive Einfluss des Huflattichs auf Reizhusten, zum Beispiel bei einem Bronchialkatarrh. Davon zeugt auch der wissenschaftliche Gattungsname (aus dem Lateinischen: *tussis* = Husten, *agere* = vertreiben). Als Tee oder Hustensirup wird das Huflattichkraut verwendet. Jedoch können insbesondere hierbei Langzeitanwendungen und Überdosis zu Vergiftungen führen.

Der Huflattich, der auch die Volksnamen „Brustlattich“, „Ackerlatsche“, „Rosshuf“ oder „Lette“ trägt, gehört zur Familie der Korbblütengewächse. Dies ist leicht an den Blütenköpfchen zu erkennen, welche aus 30 bis 40 zuerst erblühenden weiblichen Scheibenblüten und circa 300 randständigen männlichen Zungenblüten bestehen. Die Bestäubung der nach Honig duftenden, nektarreichen Blütenköpfchen übernehmen Käfer, Bienen und Schwebfliegen. Damit stellt der Huflattich auch eine der ersten ergiebigen erzgebirgischen Bienenweiden und Pollenquellen im Frühjahr dar. Die Blütenstände sind von einer glockigen Hülle umgeben, welche in einen spinnwebig behaarten und mit dicht anliegenden Hochblättern bedeckten fünf bis zehn Zentimeter langen Blütenstands-Schaft übergeht. Dieser streckt sich zur Fruchtreife bis auf 30 Zentimeter Länge. Die Laubblätter des Huflattichs sind buchtig gezähnt und unterseits weißfilzig. Sie erreichen Durchmesser von bis zu 30 Zentimetern. Ihre Ähnlichkeit mit einem Pferdehuf führte zum deutschen Namen der Pflanze. Seine Früchte breitet der Huflattich als Schirmchenflieger und Nässehafter aus. Die Samen können unter günstigen Umständen schon nach wenigen Stunden auskeimen, sind jedoch nur wenige Wochen keimfähig. Die vegetative Vermehrung der ausdauernden Pflanze erfolgt über bis zu zwei Meter lange Ausläufer, die dem weitverzweigten, kriechenden Wurzelsystem entspringen.

Huflattich

Gottesgnadenkraut bringt Stalltieren Gesundheit.

Das Johanniskraut zeigt die Mitte des Jahres an. Die Pflanze gilt als generelles Wundheilmittel und beseitigt Depressionen.

Während der längsten Tage des Jahres, um den Johannistag (den 24. Juni), steht eine im Erzgebirge häufige Wildpflanze in voller Blüte. Die leuchtend gelben, doldigen Blütenstände des Tüpfel-Johanniskrautes *(Hypericum perforatum)* beleben lichte Stellen der Wälder, Waldsäume, Wegränder, Gebüsche und trockene Feldraine. Auch an Bahndämmen und Flussböschungen ist das Johanniskraut zu finden. Die Pflanze fällt weniger durch ihre Größe (im Gebirgsklima des Erzgebirges meist nicht höher als 50 Zentimeter), als durch ihre Wuchsform in dichten Beständen, auf. Sie blüht bis Ende September. Das ursprünglich in Europa, Vorderasien und Nordafrika heimische Johanniskraut wurde durch den Menschen auch auf den amerikanischen und australischen Kontinent verschleppt. Im Erzgebirge stellt es einen der nördlichsten Vertreter der Familie der Johanniskrautgewächse dar, die einen großen Artenreichtum in den tropischen und subtropischen Gebieten besitzt (über 300 Arten), wobei in diesen Klimaten strauch- und baumartige Formen dominieren.

Das Johanniskraut besitzt eine breite ökologische Anpassungsfähigkeit. Es bevorzugt sonnige bis halbschattige, trockene und magere Böden. Ein weiterer, im Erzgebirge geläufiger Name für das Johanniskraut lautet „Hartheu", da die basal verholzten Stengel der Pflanze ein ziemlich faseriges Heu erzeugen. Die Volksnamen „Christi Kreuzblut" oder „Herrgottsblut" gehen auf den beim Zerreiben der Blütenblätter austretenden roten Pflanzensaft zurück, während Bezeichnungen wie „Wunderkraut", „Gottesgnadenkraut" und „Fieberkraut" auf die heilkundliche Verwendung der Pflanze hinweisen. Im Brauchtum der Menschen besitzt das Johanniskraut eine große Bedeutung. Junge Mädchen banden sich zu Johanni Kränze aus Hartheu und tanzten um die Johannisfeuer. An Stalltiere verfüttertes Kraut sollte diesen Gesundheit bringen, während man mit der Pflanze geschmückte Häuser vor dem Blitzschlag sicher wähnte. Die arzneikundliche Anwendung des Johanniskrautes reicht weit zurück. Schon in den Resten römischer Siedlungen wurden Johanniskrautsamen gefunden und auch die babylonischen Tontafeln nennen die Pflanze. Sie galt schließlich PARACELSUS, dem mittelalterlichen Reformator der Medizin, als Universalmittel.

In der Volksheilkunde kommt den Schwesterarten des Tüpfel-Johanniskrauts, zum Beispiel dem für das Erzgebirge charakteristischen Berg-Hartheu, keine Bedeutung zu. Das Tüpfel-Johanniskraut besitzt einen für diese Pflanze typischen Inhaltsstoff, das Hypericin. Ihm wird ein positiver Einfluss auf das Nervensystem und somit die psychische Verfassung des Menschen zugeschrieben. Insbesondere bei hellhäutigen Personen kann diese Substanz aber Nebenwirkungen in Form sonnenbrandähnlicher Hautveränderungen (Dermatosen) bei Kontakt mit Sonnenlicht hervorrufen, da sie photosensibilisierend wirkt. Von einer Einnahme über einen längeren Zeitraum ist ebenso abzuraten, wie von direktem Sonnenlicht (auch Solarium!) nach Anwendung von Johanniskrautpräparaten. Auch die Wirkung anderer Arzneimittel wird durch das Johanniskraut zum Teil nachteilig beeinflusst. Es sind Fälle bekannt, in denen Weidetiere, die das Johanniskraut gefressen haben, Vergiftungserscheinungen zeigen. Neben dem genannten Hypericin enthält das Kraut

Gerbstoffe, Pektinsäuren, Zucker, Bitterstoffe, Flavonoide und ätherisches Öl. Aufgrund dieser Substanzen wird ein Teeaufguss aus Johanniskraut bei nächtlicher Inkontinenz, Erkältungskrankheiten, Magenschmerzen sowie Leber- und Gallenfunktionsstörungen eingesetzt. Auch kommt er gegen Schlafstörungen und Depressionen zur Anwendung, ohne dass ihm die unangenehmen Nebenwirkungen synthetischer Psychopharmaka zugeschrieben werden. Zur Teegewinnung sammelt man die Blüten und Blätter zur Blütezeit, im Erzgebirge also von Juni bis August. Ein Öl aus den Johanniskrautblüten kommt als generelles Wundheilmittel unter anderem bei Prellungen, Verbrennungen und Sonnenbrand zum Einsatz. Die wissenschaftliche Bestätigung der Heilwirkungen führte zum feldmäßigen Anbau der Pflanze auch in Deutschland, dennoch wird eine große Menge der Droge hauptsächlich aus ost- und südosteuropäischen Ländern importiert. Auch in kosmetischen Produkten finden sich Johanniskrautextrakte. Sie sollen empfindliche, entzündliche Haut regenerieren lassen. Sogar ein Wein kann aus dem Kraut erzeugt werden. Die Blüten ergeben gelbe Naturfarben.

Das Johanniskraut zeichnet sich durch seine Blüten mit den fünf goldgelben Blütenblättern und die gegenständige Beblätterung des vierkantigen Stengels aus. Beim Tüpfel-Hartheu sind die länglichen bis eiförmigen Blattflächen aufgrund von Ölkörpern durchscheinend punktiert. Das lateinische *perforatum* bedeutet „zerstochen" und geht auf diese Strukturen zurück. Eine drüsige Pigmentierung findet sich an der gesamten sonst unbehaarten Pflanze. Das Johanniskraut gehört zu den ausdauernden Pflanzen. Aus dem kurzen unterirdischen Wurzelstock treiben im Frühjahr zahlreiche Stengel. Die am Grunde zu Bündeln verwachsenen Staubblätter erzeugen große Mengen an Pollen. Da die Pflanze keinen Nektar produziert, dient letzterer zur Anlockung der bestäubenden Insekten, welche die eiweiß- und energiereiche Kost gern annehmen.

Tüpfel-Johanniskraut

Klimaverbesserer des Waldes vertreibt Schlaflosigkeit.

Die Kiefer stellt wichtigen Forstbaum in Mitteleuropa. Die Holzpflanze liefert Beleuchtungsmittel und Füllmaterial für Betten.

Das Erzgebirge wird ungefähr zu 60 Prozent von Wäldern bedeckt. Ursprünglich war der Anteil erheblich höher und nur wenige Stellen in der natürlichen Vegetation blieben waldfrei, wie zum Beispiel Moore und Felslandschaften. Unter der Einwirkung des Menschen entstanden große Grünlandflächen. Auch ersetzte er die natürlichen Buchen-Tannenwälder durch Fichtenforste, welche zwar einen höheren Holzertrag aufweisen, aber auch wesentlich empfindlicher gegenüber Schädlingen sind, als Mischwälder. Stellenweise wurde die aus Nordeuropa stammende Waldkiefer *(Pinus sylvestris)* angepflanzt. Ursprünglich kommt die Baumart bis in mittlere Gebirgslagen vor, heute ist sie in Europa von Nordskandinavien bis Spanien weit verbreitet. Ungefähr 100 Schwesterarten der Waldkiefer besiedeln die Lebensräume zwischen dem Polarkreis und dem Äquator. In unseren Breiten steigt der Baum mit dem ausgedehnten Wurzelsystem nicht höher als 1000 Meter über dem Meeresspiegel, obwohl er eine gute Widerstandskraft gegenüber Sturm besitzt. Auf den sauren erzgebirgischen Böden ist die Kiefer jedoch der konkurrenzstarken Fichte und Buche unterlegen.

Kiefernbäume, auch „Föhren" genannt, wurden schon in früherer Zeit vom Menschen vielfältig genutzt. Er verlieh dem Zapfenträger zahlreiche Namen, unter anderem „Kienbaum", „Spanholz" oder „Feuerbaum". In der Zeit vor der Erfindung des elektrischen Stroms wurden Kiefernspäne wie die Holzspäne anderer Baumarten in den erzgebirgischen Häusern als Beleuchtungsmittel eingesetzt. Die langen Nadeln dienten gespalten als Füllmaterial in Betten oder wurden in Verbindung mit anderen Fasern, zum Beispiel Leinen, zu „Gesundheitsflanell" versponnen. Die Bäume produzieren neben den Lärchen das harzreichste Holz der heimischen Pflanzenwelt. So kam der Harzgewinnung an Kiefernbäumen große Bedeutung zu, was heute zum Teil noch an V-förmigen Einschnitten in der Borke alter Kiefern, vor allem in Norddeutschland, zu erkennen ist. In früheren Tagen wurde aus dem Harz ein Terpentinersatz hergestellt. Holzteer von Kiefernbäumen diente als Schusterpech. Die Kiefer liefert noch heute als wichtiger Forst- und Zierbaum ein feuchtigkeitsresistentes Baumaterial. Das weiche, gut bearbeitbare Holz kommt deshalb bei Wasser- und Brückenbauten, zu allgemeinen Schreinerarbeiten vor allem im Innenausbau, aber auch in der Zellstoff- und Papierindustrie zum Einsatz.

Zudem fand die Kiefer in der Heilkunde Verwendung. Schon im Altertum und Mittelalter waren die Wirkungen dieses Baumes bekannt. Da ihre Inhaltsstoffe die Nieren reizen, wird die Kiefer fast ausschließlich äußerlich angewendet. Die Nadeln enthalten ätherisches Öl, Fettsäuren, Bitter- und Gerbstoffe, Harz sowie hohe Mengen Vitamin C. Ein weiterer Bestandteil, das Pinosolvin, gilt als bakterientötend. Aufgrund ihrer Inhaltsstoffe wurden Kiefernnadeln zur Bereitung von Bädern und Umschlägen bei Rheumatismus, Hautausschlägen und Geschwüren benutzt. Kiefernharz findet sich als Zusatz in Salben und Pflastern. Die schleimlösende und antiseptische Wirkung der Kiefer ist, vorsichtig dosiert, Grundlage der Anwendung als Inhalationsmittel bei Erkrankungen der Atemwege, chronischem Schnupfen und Asthma. Als stärkend gilt ein Badezusatz aus den

Nadeln, zudem soll er Schlaflosigkeit vertreiben. Zuweilen sind jedoch allergische Reaktionen auf die Inhaltsstoffe möglich. Für pharmazeutische Zwecke werden die Knospen und Nadeln der Bäume gesammelt, was aber aufgrund gesetzlicher Vorschriften nur an gefällten Bäumen geschehen darf. Sie müssen vor der Verwendung getrocknet werden und möglichst ein Jahr lagern.

Die Waldkiefer gilt hinsichtlich der Nährstoff- und Wasserversorgung des Standortes als eine sehr anspruchslose Baumart, die sowohl extrem trockene Standorte als auch nasse Moorböden, teilweise als Pionierbaum, besiedeln kann. Am besten gedeiht sie als Lichtbaumart auf tiefgründigen humusreichen Sandböden an Südhängen. Die Bäume können bis zu 40 Meter Höhe erreichen und werden 600 Jahre alt. Die forstwirtschaftliche Umtriebszeit beträgt jedoch nur 100 bis 200 Jahre. Kiefern gelten unter anderem deshalb als besonders anspruchslos, da sie in Symbiose mit Mykorrhizapilzen (Fliegenpilz, verschiedene Reizker-Arten), welche die dicke Pfahlwurzel besiedeln, leben. Kiefernbestände werden zudem oft von Heidelbeervegetation begleitet. Die Bäume sind einhäusig, das heißt die gelben männlichen Kätzchenblüten und die roten weiblichen Zapfen befinden sich auf einer Pflanze. Die Blütezeit erstreckt sich von Mai bis Juni. Leicht lässt sich die Kiefer an ihren blau-grünen, drei bis acht Zentimeter langen und durch ein Festigungsgewebe derben Nadeln (Schutz vor Austrocknung) erkennen. Sie sitzen oft gedreht und gekrümmt paarweise in einer Scheide. Charakteristisch ist zudem die im unteren Stammbereich dunkel braunrote bis kupferfarbene, stark rissige Borke des Baumes. Die Nadeln bilden eine schwer zersetzbare und saure Streu.

Die graubraunen, ovalen Zapfen der Kiefer entlassen ihre Samen im dritten Jahr, da sie erst im Oktober des zweiten Jahres ausreifen. Sie öffnen sich meist deutlich hörbar an sonnigen Tagen zum Ende des Winters und fallen später leer ab. Die Samen werden bis zu einem Kilometer weit durch den Wind verbreitet, aber oft auch durch Tiere verschleppt. Sie keimen meist schon nach zwei Wochen aus. Der Blütenstaub von Kiefern kann ebenfalls große Strecken zurücklegen. So hat man selbst noch mitten auf dem Atlantik Kiefernpollen nachgewiesen. Die Nadelspitzen des Baumes stellen Kondensationspunkte für die Luftfeuchtigkeit dar und fördern so die Taubildung, weshalb in Kiefernwäldern oft ein angenehmeres Klima als im Freien herrscht. Und nicht zuletzt stammt auch das Bernstein der Meere von Kiefern, welche vor Jahrmillionen die Erde besiedelten.

Wald-Kiefer

Knoblauchgeschmack zeigt keine Nebenwirkungen.

Die Knoblauchsrauke lockt mit Honigdrüsen Insekten an. Das aromatische Kraut dient als Würzmittel und Salatbeigabe.

Viele der im Erzgebirge angebauten gezüchteten Kulturpflanzen, zum Beispiel der Raps oder die verschiedenen Kohlsorten, gehören der Familie der Kreuzblütengewächse an. Sie alle zeichnen sich durch besondere Inhaltsstoffe, Senföle, aus. Auch eine in der erzgebirgischen Natur an Feldrainen, Waldrändern sowie ehemals und heute noch menschlich beeinflussten Wäldern – vor allem an schattigen Orten in luftfeuchter Lage – gedeihende Pflanze gehört dieser Gruppe an. Die Knoblauchsrauke *(Alliaria petiolata)* enthält ein besonderes Senfölglykosid, welches der Pflanze beim Zerreiben der oberirdischen Teile entströmt und ihr den unverkennbaren Knoblauchgeruch verleiht. Es liefert die Grundlage der Verwendung des Krautes als Knoblauchersatz. Im zeitigen Frühjahr ist der Knoblauchgeschmack am stärksten, während später im Jahr der Geschmack eher an Kresse erinnert. Zudem wird dem Inhaltsstoff eine antiseptische Wirkung zugeschrieben. Der Pflanze dienen die Senföle als Schutz vor Tierfraß.

Die Bestandteile der Knoblauchsrauke reizen die Haut. Deshalb kommt die Pflanze bei der Behandlung von Geschwüren zum Einsatz. Ein Tee aus den oberirdischen Teilen wird in der Heilkunde als Wurmmittel sowie zur Förderung der Sekretion verwendet, während der Aufguss der Blätter bei Bronchitis, Ekzemen und langsam heilenden Wunden Anwendung findet. Aufgrund der breiten pharmazeutischen Einsatzmöglichkeiten lautete der wissenschaftliche Zweitname der Knoblauchsrauke ehemals *officinalis*, was mit „heilkräftig“ übersetzt werden kann. Heute scheint die alte Volksheilpflanze kaum noch bekannt zu sein. Weitere deutsche Namen lauten „Lauchhederich“ oder „Lauchkraut“. Dies deutet auf den Gebrauch der Pflanze als Würzmittel oder Salatbeigabe hin. Dafür wurde sie früher vielfach auch in erzgebirgischen Bauerngärten gezogen. Besonders im Mittelalter verwendete die ärmere Bevölkerung Knoblauchsraukenkraut anstelle von Salz in der Suppe. Zuweilen setzte man auch die schwarzen Samen, welche in den bis sieben Zentimeter langen Schoten heranreifen, als Senfersatz ein.

Von den fünf Arten der Gattung ist nur die Knoblauchsrauke im Erzgebirge heimisch. Ihr Verbreitungsgebiet erstreckt sich über ganz Europa bis nach Asien. Das zweijährige Kraut, welches im ersten Jahr nur eine Rosette herzförmiger Blätter ausbildet und erst im darauffolgenden Jahr den bis über einen Meter hohen Blütenstand entwickelt, stirbt nach der Frucht ab. Bis in mittlere Gebirgslagen (etwa 950 Meter über dem Meeresspiegel) lässt sich die Knoblauchsrauke nachweisen. Die Blättchen der Pflanze nehmen in ihrer Größe von der Blattrosette bis zur Blüte hin allmählich ab, was eine optimale Lichtausnutzung garantiert. Sie besitzen einen deutlichen Stiel, worauf auch der lateinische Artname der Knoblauchsrauke hinweist. Wie bei allen Kreuzblütengewächsen bilden die vier weißen unscheinbaren Blütenblätter ein Kreuz. Sie stehen in zuerst dichten, sich aber später verlängernden Trauben.

Die Knoblauchsrauke gilt als ausgesprochener Stickstoffzeiger und besiedelt bevorzugt nährstoffreichen Boden. Sie kommt oft gemeinsam mit dem ebenfalls nährstoffliebenden Holunder vor. Gebüsche und feuchte Wegränder werden von der Knoblauchsrauke bevorzugt besiedelt. Auf günstigen Standorten bildet die Pflanze größere Bestände. Durch ausgedehnte vegetative Vermehrung über unterirdische Ausläufer und Wurzelsprosse kann sie sich so recht aggressiv ausbreiten. In Bauerngärten dient die Pflanze zum raschen bodenbedeckenden Begrünen kahler Flächen. Auf mageren Standorten jedoch erreicht sie oft nur eine Wuchshöhe von fünf Zentimetern, zeigt also in ihrem Wuchs eine erhebliche Modifikationsbreite.

Die Knoblauchsrauke blüht vom Spätfrühling bis in den Sommer hinein. Honigdrüsen an den kleinen weißen Blüten locken zahlreichen Insektenbesuch – Bienen und Frühlingsmücken – an. Jedoch auch durch spontane Selbstbestäubung können die viereckigen Schotenfrüchte entstehen. Die Samen werden durch den Wind, durch Tiere (beispielsweise Ameisen) oder durch das Aufspringen der Schoten ausgestreut. Die Verbreitung durch Kleintiere verursacht zuweilen ungewöhnliche Wuchsorte der Knoblauchsrauke, sie wächst nicht selten selbst auf Bäumen.

Knoblauchsrauke

Ein hochbetagter Baum lädt zum Tanz ein.

Das Kronendach der Linde bietet unzähligen Tierarten Lebensraum. Die wohlriechenden Blüten ergeben einen angenehm schmeckenden Tee.

Linden gelten als Symbolbäume für die ländliche Region und sind eng mit dem Leben der Menschen verbunden. Dies spiegelt sich beispielsweise in der Mythologie wider, in der Lindenbäume eine wichtige Rolle spielen. So wohnte ein altes Fabelwesen, der Lindwurm, in ihrem Kronendach. Auch in vielen Dorfgemeinden des Erzgebirges findet man heute noch einige prächtige Exemplare dieses Baumes im Mittelpunkt der Ansiedlungen. Unter der Dorflinde versammelte sich in früheren Tagen die Jugend zum Tanz und hier wurde Gericht gehalten. Heute bleibt die Linde nicht selten auf außerstädtische Standorte beschränkt, da sie empfindlich gegenüber Luftverunreinigungen und Streusalz reagiert, früher säumten Lindenbäume im Erzgebirge in vielen Orten die Wege und Straßen. Unter günstigen Bedingungen, zum Beispiel auf nährstoffreichen, lehmig-sandigen Böden, kann ein Lindenbaum ein hohes Alter von 700 – 800 Jahren erreichen. Ursprünglich war die Linde – sie toleriert halbschattige Standorte sehr gut – Element anspruchsvoller Laubwälder. Als ihre ursprüngliche Heimat gelten Mittel- und Südeuropa. Bereits vor den Eiszeiten war der Baum nachweislich in Europa heimisch.

Man unterscheidet zwei im Erzgebirge heimische Arten der Linde. Sie gehören einer eigenen Familie, den Lindengewächsen, an. Die Winterlinde *(Tilia cordata)* unterscheidet sich in der Anzahl der Blüten in den Blütenständen (fünf bis elf gegenüber zwei bis fünf) und blattunterseits den braunen (gegenüber weißen) Haarbärtchen in den Verzweigungsstellen der Blattadern von der Sommerlinde *(Tilia platyphyllos)*. Außerdem blüht sie circa zwei Wochen später als ihre Schwesterart. Die bis zu 30 Meter hohen Bäume zeichnen sich durch ihre annähernd herzförmigen, am Rande gesägten Blätter, die kugeligen Früchte sowie die Blüten aus, die einen intensiv honigsüßen Duft ausströmen. Die Blüten bzw. Früchte tragen ein charakteristisches Hochblatt, welches später die Windverbreitung des ganzen Fruchtstandes ermöglicht. Eine kräftige, verzweigte Pfahlwurzel verankert den Baum im Boden. Linden gelten als schnellwüchsige Baumarten mit einem hohen Ausschlagsvermögen.

Heilkundlich kommen die Lindenblüten bei fiebrigen Erkältungskrankheiten, Katarrhen der Luft- und Harnwege sowie bei Halsentzündungen zur Anwendung. Sie werden in voller Blüte einschließlich des pergamentartigen Hochblattes gesammelt und unter täglichem Umwenden im Schatten getrocknet. Bei Sonnen- oder Ofentrocknung gehen wertvolle ätherische Öle verloren. Neben diesen enthalten die Blüten weiterhin Schleim- und Gerbstoffe sowie Flavonoide. Ihnen wird eine harntreibende, schleimlösende und krampflindernde Wirkung zugeschrieben. Der angenehm schmeckende Lindenblütentee soll die Abwehrkräfte des Körpers stimulieren und die Stoffwechseltätigkeit der Haut steigern, indem er die Schweißdrüsen anregt. Deshalb wird er im Zuge einer Schwitzkur eingesetzt, führt aber auch zur Linderung von Hautkrankheiten. Aus dem Holz der Linde stellt man Holzkohle her, welche in der Tier- und Humanmedizin bei verdorbenem Magen oder Vergiftungen verwendet wird, da sie gasförmige und giftige Stoffe leicht bindet.

Außerdem kommt sie wie die zerstampfte Borke als Streupulver bei schlecht heilenden Wunden zum Einsatz. Während der Schwangerschaft sowie bei Herz- und Kreislaufproblemen sollte die Linde nicht verwendet werden. Zudem eignet sie sich nicht als Kräutertee für den Dauergebrauch.

Die medizinische Nutzung der Linde ist erst seit dem Mittelalter bekannt. Länger zurück geht jedoch die technische Bindung des Menschen an diesen Baum. So eignet sich das weiche und deshalb gegenüber Witterungseinflüssen wenig beständige Holz sehr gut zum Anfertigen der besonders im Erzgebirge traditionsreichen Schnitzereien. Aus dem Bast der Linde wurden früher in Hausarbeit Stricke und Flechtwerk hergestellt, wovon sich auch der Volksname „Leinbaum“ ableiten lässt. Nicht zuletzt stellt die Linde eine bedeutende Bienenweide dar und ergibt einen aromatischen Honig mit einem großen Anteil ätherischen Öls. Lindenbäume werden im Sommer von großen Insektenscharen besucht, jedoch gehen Wissenschaftler davon aus, dass sich die Baumart in der Evolution auf dem Weg zur Windbestäubung befindet. Das Laub der Linde zersetzt sich rasch, weshalb ihr bodenverbessernde Eigenschaften zugeschrieben werden und sie als Anpflanzung in Schutzwäldern Verwendung findet. Der beliebte Baum schützt schließlich die Häuser des Menschen durch seine weit ausladende Krone vor allzu großer Sommerhitze und bietet vielen baumbewohnenden Tierarten Lebensraum.

Winter-Linde

Pflanze mit zahlreichen Namen sprengt den Teer.

Mit Löwenzahn übersäte Wiesen bieten reichlich Nektar.
Löwenzahnblätter lassen sich zu Sirup und Salat verarbeiten.

Nur wenige im Erzgebirge heimische Pflanzen haben vom Volksmund so viele unterschiedliche Namen erhalten wie der Löwenzahn. Den Titel „Kuhblume“ verdankt er seinem massenhaften Auftreten im Frühjahr auf Kuhweiden. „Löwenzahn“ wird die Pflanze aufgrund der Form ihrer gezähnten Blätter genannt. Sie heißt „Pusteblume“, da sie bei der Verbreitung ihrer Früchte auf den Wind setzt, „Maiblume“, da sie in diesem Monat in voller Blüte steht. Weitere Namen sind „Sonnenwirbel“, „Hundeblume“, „Bettseicher“, „Butterblume“, „Kettenblume“, „Saustock“, „Hunnenblume“, „Melkdistel“, „Milchbusch“ oder „Wiesenlattich“. Die wissenschaftliche Gattungsbezeichnung geht auf das Arabische zurück, wo sie „bitteres Kraut“ bedeutet. Die Kuhblume gehört zur Familie der Korbblütengewächse. Die ursprüngliche Heimat der Gattung *Taraxacum* liegt in Zentralasien. Die „Gemeine Kuhblume“ *(Taraxacum officinalis)* ist im Erzgebirge als „Löwenzahn“ bekannt, obwohl aus botanischer Sicht mehrere unterschiedliche Pflanzengattungen existieren, die diesen Namen tragen.

Andererseits kennt die Wissenschaft unzählige Löwenzahnarten (ca. 2000) und zahlreiche Unterarten. Sie sind schwer abzugrenzen, da sich das Kraut in seiner Gestalt stark den Umweltbedingungen anpasst. Kaum eine Löwenzahnpflanze gleicht der anderen. Dennoch besitzen alle Arten Merkmale, die sie als Kuhblume charakterisieren: Die lanzettlichen tief gelappten Blätter entspringen einer grundständigen Blattrosette, die einem bis in einen Meter Tiefe reichenden Wurzelstock aufsitzt. Der Blütenstand, potenziellen Bestäubern eine Gesamtblüte vortäuschend, besteht aus zahlreichen leuchtend gelben Einzelblüten und öffnet sich von April bis Juni, zum Teil aber auch länger. Er sitzt einem runden hohlen Stengel auf. Alle Teile der Pflanze enthalten einen weißen, bitter schmeckenden Milchsaft, welcher hauptsächlich aus kautschukartigen Substanzen besteht. Die Früchte tragen einen Haarkranz und bilden eine Federkugel. Eine Pflanze bringt jährlich etwa 5000 Früchte (Achänen) hervor, von denen sich verschiedene Vogelarten, unter anderem Finken, ernähren. Wohl jedes Kind kennt den Löwenzahn zur Samenreife, wenn sich die Früchte wie kleine Fallschirmchen durch die Luft wirbeln lassen.

Vielen Erzgebirgswiesen verleihen die Löwenzahnblüten im Frühling eine leuchtend gelbe Farbe. Schon Albrecht DÜRER (1471 – 1528) setzte dem Löwenzahn in seinem Gemälde „Rasenstück“ ein Denkmal. Auf der gesamten Nordhalbkugel ist die anspruchslose Pflanze heimisch und gedeiht nahezu überall: an Wegrändern, auf fetten Wiesen und Weiden oder an Waldrändern. Bevorzugt werden jedoch sonnige, humose Standorte. Die Kuhblume ist ein ausgesprochener Nährstoffzeiger. Sie ist als Kulturfolger dem Menschen in den Siedlungsbereich gefolgt und vermag dort sogar geteerte Wege zu sprengen. Archäologen schließen aus großen Mengen von Löwenzahnpollen im Boden auf ehemalige menschliche Behausungen. Hohe Düngergaben verträgt die Pflanze ausgesprochen gut. Aufgrund ihres Massenauftretens bilden Löwenzahnblumen eine ökologisch nicht zu verachtende Insektenweide und gelten als ausgesprochene Honigpflanzen. Nachtfalter nutzen Löwenzahnblätter als Nahrungsquelle im Larvenstadium. Die Blüten erzgebirgischer Löwenzahnpflanzen öffnen sich morgens zwischen fünf und neun Uhr und schließen sich abends zwischen 20 und 22 Uhr wieder. Bei Regen und Kälte bleiben sie meist ganztägig geschlossen.

Die Volksmedizin schreibt dem Kraut für den Menschen Wohlgeschmack und Heilwirkung zu. Der in der Signaturenlehre des Mittelalters verbreitete Glauben, dass Löwenzahnblüten aufgrund ihrer Farbe als Heilmittel gegen Gelbsucht benutzt werden können, kann als überholt betrachtet werden. Jedoch weist der lateinische Name der weit verbreiteten Sippe *Taraxacum officinalis* auf die Bedeutung als Heilpflanze schon in früherer Zeit hin. Die Heilwirkung wird auf die enthaltenen ätherischen Öle, Vitamine B2, C und D, das Provitamin A, die Gerb- und Bitterstoffe sowie die hohen Konzentrationen von Kaliumverbindungen und anderen Spurenelementen zurückgeführt. So schreibt man dem Löwenzahnkraut eine blutreinigende Wirkung und eine die Tätigkeit innerer Drüsen und damit die Gallesekretion anregende Wirkung zu. Außerdem soll Löwenzahnkraut die Nierentätigkeit verbessern. Die pharmazeutische Industrie bietet zahlreiche Löwenzahnprodukte vom Frischpflanzensaft bis zu Blutreinigungstees an. Verschiedene Länder, beispielsweise Ungarn, Polen und Bulgarien, bauen dafür Löwenzahn in landwirtschaftlichen Kulturen an. Es existieren verschiedene Kultursorten.

Junge, noch wenig bittere Löwenzahnblätter können einem Frühlingssalat beigemengt werden. Die Pflanzen erreichen ein Alter von fünf bis zehn Jahren und überwintern mit Hilfe einer nährstoffspeichernden Pfahlwurzel. Diese Löwenzahnwurzel erntete man früher im Erzgebirge zur Herbstzeit, da zu dieser Zeit der Inulingehalt am höchsten ist (bis zu 40%). Sie diente unter anderem als Kaffeeersatz. Die in voll erblühtem Zustand geernteten goldgelben Köpfchen der Kuhblume können außerdem zu einem pollenreichen Sirup verarbeitet werden oder garnieren Salate und Suppen, während die noch geschlossenen Knospen mariniert als Kapernersatz verwendbar sind. Löwenzahn kann im Garten angebaut werden. Durch Zusammenbinden der Blattrosette erreicht man gebleichte, mild schmeckende Blätter für Salate. Mit den Blütenständen färbte man früher im Erzgebirge die Butter ein. Nicht zuletzt gelten die Blätter des Löwenzahns als beliebtes Haustierfutter: Milchfutter für Kühe sowie Mastfutter für Schweine. Sie sollen als Hühnerfutter die Eierproduktion fördern.

Löwenzahn

Feuchtlandpflanze verströmt mandelartigen Duft.

Das Mädesüß bevorzugt sumpfige Standorte. Die Blütenrispen der Pflanze aromatisieren Gelee und Honigbier.

Das bis zu zwei Meter Wuchshöhe erreichende Mädesüß *(Filipendula ulmaria)* besiedelt in der Regel Standorte in Gewässernähe. So findet es sich im Erzgebirge vor allem auf nassen Wiesen, an Gräben und Quellen, in Hochstaudenfluren und Auen sowie an Ufern. Die Art zeigt unterirdische

Wasserströmungen an und gilt als Charakterart der Feuchtwiesensäume. Die typischen Standortansprüche ausnutzend wird es heute nicht selten zur Uferbepflanzung von Gartenteichen eingesetzt, nicht zuletzt da es aufgrund der attraktiven Blüten und ihres intensiven Dufts grundsätzlich für Wildpflanzengärten zu empfehlen ist. Die mehrjährige Pflanze bevorzugt feuchten bis nassen, frischen und nicht zu nährstoffarmen Sumpfhumusboden in sonniger bis halbschattiger Lage. Im Erzgebirge besiedelt das Kraut hauptsächlich die Tallagen, da es die Witterungsbedingungen in größeren Höhen nicht erträgt. Den europäischen Kontinent (mit Ausnahme der Mittelmeerregion) sowie Nord- und Mittelasien bis in die Mongolei betrachtet man als das natürliche Verbreitungsgebiet des Mädesüß. Die cremeweißen Blüten des Mädesüß stehen in auffälligen kompakten Blütenständen am Ende der Sprossachsen. Auf die Attraktivität der Pflanze zur Blütezeit geht der Volksname „Wiesenkönigin" zurück. Unverwechselbar machen unter anderem die Pflanze die zahlreichen langen Staubblätter ihrer Blüten. Als Besucher der Pollenscheibenblumen kommen Insekten aller Art (aber keine Schmetterlinge) in Frage, weshalb man der Pflanze als Bienenweide große Bedeutung zuschreibt.

Stark ausgeprägt ist der mandelartige Duft des Rosengewächses, den man oft schon von Weitem wahrnimmt. Deshalb wird Mädesüß häufig in Duftsträußen benutzt. Im Mittelalter streute man die Blüten auf den Fußboden, um einen angenehmen Geruch im Haus zu verbreiten. Mancherorts rieb man mit den Blüten auch die Bienenstöcke aus. Auch zum Aromatisieren von Gelees und Getränken dienten die Blütenrispen. So wurde früher Mädesüß zum Süßen des bekannten Honigbieres (Met) verwendet, wovon sich der deutsche Name ableiten lässt. Im germanischen Brauchtum spielte das Mädesüß nicht zuletzt deswegen eine herausragende Rolle.

Die Blühperiode des Mädesüß dauert im Erzgebirge vom späten Frühling bis in den Spätsommer an. Die spiralig angeordneten reifen Balg-Früchte werden anschließend über den Wind oder das Wasser verbreitet. Die Samen keimen nach Kälteeinwirkung. Zahlreiche Tierarten ernähren sich vom Mädesüß: die Raupen der im Erzgebirge selten gewordenen Nachtfalter Brauner Bär und Kleines Nachtpfauenauge nutzen gelegentlich die Pflanze, während der tagaktive Mädesüß-Perlmuttfalter auf diese Pflanze als ausschließliche Nahrungsquelle angewiesen ist. Als typische Quellfluren-Pflanze besiedelt das Mädesüß einen Lebensraum, welcher durch menschliche Eingriffe immer stärker in Mitleidenschaft gezogen wird. In Form dichter Uferstaudenvegetation bieten seine ausgedehnten Bestände zahlreichen Tierarten Unterschlupf und Schutz.

Zwei bis fünf ovale und gezähnte Fiederblättchenpaare weisen die wechselständigen Blätter des Gemeinen Mädesüß auf, wobei das endständige Blättchen deutlich vergrößert erscheint. Andere Arten der Gattung zeigen eine größere Anzahl an Fiederblättern und sollten unter anderem aus Artenschutzgründen nicht gesammelt werden. Der Name *ulmaria* wurde von der Ähnlichkeit der Blättchen zu Ulmenblättern abgeleitet. Eine unterseits silbrige Behaarung zeichnet die sonst oberseits kahlen Organe aus. Als Grundblätter entspringen sie aus dem verholzten und knotig verdickten Rhizom.

Die Blüten der Pflanze werden zur Blütezeit gesammelt. Äußerlich angewendet kommen sie zur Beschleunigung der Wundheilung zum Einsatz. Als Aufguss sollen sie fiebersenkend und schweißtreibend wirken. Schon seit dem Altertum ist diese Wirkung des Mädesüß, in der Volksmedizin auch als Spierstaude bezeichnet, bekannt. Besonders Salizylsäure findet sich in dem ätherischen Öl des Krautes, ähnlich wie in der Weide. Der Stoff zeigt einen positiven Einfluss auf Kopfschmerzen. Als weitere Substanzen wurden in den Blüten das Glykosid Gaultherin, Vanillin, Spiracein, Flavonoide, Phenolglykoside, Gerbstoffe und Schleim gefunden. Einige der Inhaltsstoffe sind dafür verantwortlich, dass das Mädesüß als schwach giftig eingestuft wird. Dies ist vor allem bei Salizylsäureüberempfindlichkeit von Bedeutung. Dann, ebenso wie bei Asthmatikern, Kindern und Säuglingen sowie in der Schwangerschaft und Stillzeit, sollte die Pflanze nicht verwendet werden. Grundsätzlich ist von einer zu hohen Dosierung und der Benutzung über einen längeren Zeitraum abzuraten. Spierblumentee kommt bei Erkältungskrankheiten und rheumatischen Beschwerden zum Einsatz. Selbst gegen die Pest wurde die Pflanze schon benutzt. Die Zubereitungen weisen den typischen Salizylsäuregeruch auf. Für die pharmazeutische Industrie wird Mädesüß in Nordamerika, in Polen, der Mongolei sowie den Balkanländern angebaut. In der Tiermedizin wird das Kraut gegen die Klauenkrankheit des Viehs eingesetzt. Die Pflanze soll von Rindern und Pferden verschmäht, jedoch von Ziegen bevorzugt gefressen werden.

Mädesüß

Riesenblätter werden als Verpackungsmaterial genutzt.

Die Pestwurz staut als Verlandungspionier Bäche an.
Frisches Kraut wird gegen Schwellungen und Rheuma eingesetzt.

Eine im Erzgebirge feuchte, mehr oder weniger unkultivierte Standorte besiedelnde Pflanze treibt im zeitigen Frühjahr auffällige rötlich-violette und ährenartige Triebe aus dem Boden. Sie erreichen imposante Wuchshöhen von über einem Meter und erhalten regen Insektenbesuch. Die Pflanze ist jedoch auch aufgrund ihrer heilkundlichen Anwendung zu Berühmtheit gelangt.

Dem Einsatz bei der Heilung und Vertreibung von Pesterkrankungen verdankt die Rote Pestwurz *(Petasites hybridus)* ihren Namen. Aufgrund der Ähnlichkeit ihrer Blätter trägt die Pflanze auch die Namen „Falscher Huflattich" oder „Großblättriger Huflattich". Die Ähnlichkeit der Pestwurzblätter zum verwandten Huflattich war gelegentlich Grundlage einer Verfälschung der Teedroge von diesem. Obwohl das Pestwurzkraut frisch vom Vieh gemieden wird, diente es früher getrocknet als gutes Ziegenfutter. Schweinen wurde es angesäuert verfüttert. Außerdem setzte man die Pestwurz früher in der Tiermedizin gegen Viehseuchen, wie zum Beispiel die Schafräude, ein.

Die Pestwurz gehört der Familie der Korbblütengewächse an. Ihre Gesamtblütenstände setzen sich aus vielen einzelnen Blütenkörbchen zusammen. Dabei lassen sich männliche und weibliche Stöcke unterscheiden. Vergeblich sucht man zur Blütezeit im zeitigen Frühjahr (März/April) nach den lang gestielten, herzförmigen und scharfgezähnten Laubblättern der Pflanze. Sie entspringen den unterirdischen knollig verdickten Wurzelstöcken erst nach dem Verblühen. Aufgrund ihrer Größe würden sie die Bestäubung stark behindern. Pestwurzblätter gelten mit einer Länge von bis zu einem Meter als die größten Blattorgane der heimischen Flora. Auf dem Lande wurde früher in ihnen die Butter oder der Käse eingewickelt. Den wissenschaftlichen Namen *Petasites* kann man in Anlehnung an das Griechische als „breitkrempiger Hut" übersetzen. So trugen die Feldarbeiter früher im Erzgebirge die Pestwurzblätter als Kopfbedeckung gegen die Sonnenstrahlen.

Die Pestwurz ist in Europa sowie Nord- und Westasien beheimatet, fehlt jedoch in Nordeuropa. Nicht selten verkörpert sie in ihrem Verbreitungsgebiet einen Gartenflüchtling aus Mönchshöfen oder Meiereien. Das ausdauernde Kraut bevorzugt zeitweilig überschwemmte Ufer, raschfließende Bäche, feuchte Wiesen und Weiden oder Erlenbrüche. An diesen Standorten tritt die Pestwurz von der Ebene bis in die Bergstufe auf. Gesellig und oft bestandsbildend findet sich die Pflanze meist auf tiefgründigen, nährstoffreichen Böden, in welchen sich die angeblich nach Wanzen riechenden Wurzelstöcke mit mehr als einen Meter langen Ausläufern verankern. Die Pestwurz zeigt dabei eine starke Ausbreitungskraft. Als wichtiger Verlandungspionier besitzt die Pflanze aufgrund ihrer wasserstauenden Wirkung die Fähigkeit, den Lauf eines Baches zu verändern. Zudem gilt sie als sehr konkurrenzstark, da das dichte Blätterdach eine Keimung und Entwicklung konkurrierender Pflanzenarten effektiv behindert. Die weiße Pestwurz *(Petasites albus)* zeigt die gleiche Verbreitung wie ihre rote Schwesterart. Gemeinsam erreichen sie im erzgebirgischen Bergland ihre obere Grenze bei circa 600 Metern.

Die Blätter der Roten Pestwurz enthalten neben etwas unangenehm riechenden ätherischen Ölen auch Bitter-, Gerb- und Schleimstoffe sowie den Speicherstoff Inulin. Ein schweißtreibender Tee aus den in den Monaten Juni und Juli gesammelten Blättern diente früher der Heilung der oberen Atemwege. Auch sollte er Darmparasiten bekämpfen. Frisch wird das Pflanzenmaterial auf Schwellungen oder Ausschläge gelegt und kommt gegen rheumatische Beschwerden zum Einsatz. Zudem wird der Pestwurz eine herzstärkende Wirkung sowie Wirksamkeit hinsichtlich der Linderung nervös bedingter Funktionsstörungen im Magen- und Leberbereich zugeschrieben. Neuerdings ist die Pflanze als Mittel gegen Migräne im Gespräch, wozu der Wurzelstock zur Anwendung kommt. Die Schulmedizin rät jedoch von einer Anwendung aufgrund nicht belegter Wirksamkeit und einer möglichen Gesundheitsgefährdung ab. Insbesondere während der Schwangerschaft und der Stillzeit sollte die Pflanze nicht verwendet werden. In den Pflanzenteilen der Pestwurz wurden leberschädigende und möglicherweise krebserzeugende Inhaltsstoffe (Alkaloide) festgestellt. Für die pharmazeutische Industrie versucht man deshalb verstärkt alkaloidfreie Sorten zu kultivieren. Immer wieder treten jedoch auch Verdachtsmomente einer Gefährdung bei industriell erzeugten Präparaten auf.

Rote Pestwurz

Wuchsfreudiges Gras hemmt das Gedeihen der Nachbarn.

Die Gewöhnliche Quecke wird zur Substratbefestigung genutzt. Das Rhizom der Pflanze ersetzte in Notzeiten den Kaffee.

Die gewöhnliche Quecke *(Elytrigia repens)*, auch „Hundsgras", „Saatgras" oder „Spitzgras" genannt, gehört wie die bekannten Getreide zur Familie der Süßgräser. Diese recht unauffällige, aber überall verbreitete Pflanzengruppe besitzt unscheinbare Blüten, die durch den Wind bestäubt werden. Auf der nördlichen Erdhalbkugel in Europa, im Kaukasus bis Mittelasien und dem Fernen Osten sowie in Sibirien und Nordafrika ist die Quecke heimisch. Sie wurde jedoch auch in Australien und auf Grönland eingebürgert. Das ausdauernde Gras gedeiht von der Ebene bis in die Bergstufe auf frischem bis mäßig trockenem Boden. Es gilt als Lichtpflanze, Nährstoff- sowie Mineralbodenzeiger und kann als ausgesprochen anspruchslos eingestuft werden. Deshalb findet es sich im Naturraum des Erzgebirges besonders häufig und verbreitet an Wegrändern, auf Ackerbrachen und Ödland. In Gärten ebenso wie auf intensiv bewirtschafteten Agrarflächen gedeiht die Quecke aber ebenfalls.

Zwischen Wintergetreide oder Klee wird das Wildkraut besonders gefürchtet, da es neuen Lebensraum durch einen robusten, unterirdischen, weißlichen Wurzelstock rasch besiedelt und ausgedehnte Rasen bildet. Mit den vielen nadelartigen Ausläufern vermag es selbst Holz oder Teer zu durchdringen. Queckenfrüchte sind sofort keimfähig. Bruchstücke der bis in 80 Zentimeter Tiefe vordringenden Erneuerungssprosse können zudem selbständige Pflanzen nachbilden. Zusätzlich scheidet die Wurzel Hemmstoffe aus, die das Wachstum der Nachbarpflanzen beeinträchtigen. An Stellen, an denen sich die Quecke einmal angesiedelt hat, behauptet sie sich meist dauerhaft. Ihre Wuchsfreudigkeit drückt sich auch im deutschen Namen, welcher sich von „queck“ für „lebendig“ ableitet, aus. Durch Kartoffelanbau auf befallenen Flächen soll sich die Quecke jedoch relativ leicht vertreiben lassen.

Die Quecke gilt als ausgesprochen formenreich. Das bis zu anderthalb Meter Wuchshöhe erreichende Gras erinnert in Gestalt und Wuchsform an Weizen. Nach neuesten Erkenntnissen ist dieses im Erzgebirge ursprünglich nicht heimische Getreide jedoch aus anderen Wildgräsern entstanden und mit der Quecke nicht näher verwandt. Quecken blühen im Erzgebirge in den Monaten Juni bis August. Ihre kurzgrannigen Blütenährchen sitzen mit der Breitseite an der Ährenachse – ein Unterscheidungsmerkmal zum ähnlich aussehenden Lolch. Quecken bilden fruchtbare und unfruchtbare Halme aus. Beide werden durch Blattscheiden der linealischen Blätter, die oberseits auf den Nerven eine Reihe von Stachelhaaren besitzen, eingehüllt. Die Ährchen heften sich leicht an vorbeistreichende Tiere an, da sie zur Reifezeit als Ganzes abfallen. Auf diese Weise werden die Queckensamen verbreitet.

Schon Schriften der alten Griechen und später die Kräuterbücher des Mittelalters erwähnten ein Gras, welches als Wundmittel Verwendung fand. Die Identität mit der Quecke konnte nicht gesichert nachgewiesen werden, ist aber durchaus möglich. Queckenrhizome enthalten Schleimstoffe, Saponine und Kohlenhydrate in Form von Stärke und Saccharose. Deshalb schmecken sie süßlich und werden als diätisches Lebensmittel, in Form von Mehl, Brei oder in Backwaren, eingesetzt. Besonders in Notzeiten wurden Queckenrhizome als Wildgemüse im Erzgebirge gegessen und ergaben geröstet ein Kaffeesurrogat. Als weitere Inhaltsstoffe konnten mineralische Bestandteile wie Eisen und bis zu 30 Prozent Kieselsäure, Schleim sowie ätherisches Öl (mit einer breiten antibiotischen Wirkung) nachgewiesen werden. Die Sammlung der Rhizome erfolgt am günstigsten im Zuge von Erntearbeiten im März und April oder in den Herbstmonaten September und Oktober. Sie werden zerkleinert und getrocknet. Der aus ihnen zubereitete Teeaufguss soll schwach harntreibend und reizmildernd bei Harnwegserkrankungen wirken. Er dient der Blutreinigung bei Rheuma oder Gicht, als Hustenmittel und ist Bestandteil von Gesundheitstees. Für industrielle Zwecke wird die Droge hauptsächlich aus den Balkanländern importiert. Auf eine ausreichende Flüssigkeitszufuhr während der Einnahme von Queckenzubereitungen sollte geachtet werden, bei eingeschränkter Herz- und Nierentätigkeit ist von einer Anwendung abzuraten. Zur Verwendung während der Schwangerschaft und Stillzeit liegen keine gesicherten Ergebnisse vor.

In Nordeuropa wird die Quecke als wertvolle Futterpflanze angebaut, da sie auch unter ungünstigen Klimabedingungen noch gut gedeiht. Jung an Kühe verfüttert steigert das Gras die Milchleistung und verbessert die Qualität der Milch. Queckenpflanzen liefern ein leicht brüchiges aber gutes und vollwertiges Heu. Schon im zweiten Jahr nach der Aussaat ist die Pflanze uneingeschränkt ertragsfähig und ermöglicht bei guter Nährstoffversorgung jährlich bis zu drei Schnitte. Die saftigen Rhizome gelten ebenfalls als nahrhaftes Viehfutter. Nicht zuletzt findet die Quecke aufgrund der reichlichen Bodendurchwurzelung technische Anwendung bei der Sandbefestigung an Flussufern sowie zur Berasung von Böschungen.

Quecke

Ausländischer Baum produziert Wildfutter und Tapetenleim.

Rosskastanien gehören zu den am eindrucksvollsten blühenden Bäumen der heimischen Natur. Die Pflanze liefert pharmazeutische Herz- und Venenmittel.

Rosskastanien *(Aesculus hippocastanum)* gehören zu den im späten Frühling (Mai) am eindrucksvollsten blühenden Baumarten des Erzgebirges. Dennoch zählt die Pflanze nicht zur ursprünglichen Vegetation dieses Naturraumes. Die Art, ehemals vermutlich in feuchten Schluchten des Mittelmeerraumes und des Balkans beheimatet, kam erst im 17. Jahrhundert nach Deutschland. Sie gehört einer eigenen Familie, den Rosskastaniengewächsen, an. 1672 soll der erste

Baum in Berlin aufgetaucht sein, 1675 erreichten die Samen Leipzig. Von dort aus erfolgte die rasche Ausbreitung der Kastanie bis in das Erzgebirge. Nicht zu verwechseln ist die Rosskastanie mit der im Erzgebirge wild nicht vorkommenden Esskastanie, welche zu den Buchengewächsen gehört und nur in den Samen der Rosskastanie ähnelt.

Im Erzgebirge finden sich Rosskastanienbäume hauptsächlich als Zierpflanzungen in Parkanlagen, Gärten und Alleen. Seltener kommen sie in Wäldern vor, da das spröde Holz einen nur geringen Gebrauchswert besitzt und lediglich bei Schnitzereien oder als Kistenholz Verwendung findet. Küchengeräte und Spielzeug bestehen zuweilen aus Kastanienholz. Der Baum wurde durch den Menschen über ganz Europa bis nach Skandinavien und Russland verschleppt. Von der Ebene bis zur montanen Stufe besiedelt er humosen, tiefgründigen Boden, meidet aber zu saure und zu trockene Standorte. Von der Rosskastanie ist eine kleinere, rotblühende Kreuzung bekannt, welche häufig in den Städten angepflanzt wird. Sie zeigt eine erhöhte Resistenz Parasiten gegenüber, wie beispielsweise der Kastanien-Miniermotte.

Die Rosskastanienfrüchte enthalten hohe Mengen Saponin, außerdem Gerbstoffe und Flavonoide. Bei frischem Verzehr besteht aufgrund dieser Inhaltsstoffe Vergiftungsgefahr, ebenfalls bei Teezubereitung aus den Blättern. Kastanienpräparate können zudem negative Wechselwirkungen mit anderen Medikamenten aufweisen. Zur pharmazeutischen Verwendung werden die Kastanien bei voller Reife, das heißt, wenn sie aus ihren Kapseln fallen, gesammelt und bei 60 °C getrocknet. Ihnen wird eine schwach krampflösende und entzündungshemmende Wirkung zugeschrieben. Als Wirkstoffdroge gelangen sie in industriell hergestellte Arzneimittel gegen Herz- und Kreislaufkrankheiten, zur Festigung der Gefäßwände und zur Beeinflussung der Blutgerinnung. Die Rohstoffe für die pharmazeutische Industrie werden dabei hauptsächlich aus osteuropäischen Ländern importiert. Ein Kastanienabsud kommt äußerlich bei Wunden, Erfrierungen und Gicht zum Einsatz, auch Badezusätze enthalten zuweilen Rosskastanienextrakte. Die Teezubereitung aus der Rosskastanie ist nicht zu empfehlen. Kastanienmehl war jedoch in früheren Tagen fester Bestandteil des Schneeberger Schnupftabaks und diente als Stärkeersatz.

Kastanienbäume gelten mit ihren großen Blättern (bis 40 Zentimeter) als hervorragende Schattenspender. Die gegenständigen, handförmig geteilten Kastanienblätter mit den gesägten Rändern wurden während des Krieges wie Hopfen verwendet oder dienten als Tabakersatz. Auch sollen sie Rheuma lindern helfen. Sie enthalten neben Gerbstoffen, Harz und Carotin jedoch auch die toxikologisch bedenklichen Stoffe Fraxin und Aesculin. UV-Strahlen zurückhaltende Inhaltsstoffe aus der Kastanie werden in Sonnenschutzmitteln verarbeitet. Im Färberhandwerk wurde zuweilen der Färbersumach durch Kastanienblätter verfälscht, während die Borke des Baumes einen braunen Farbstoff für Wolle lieferte sowie zum Gerben diente. Aus den Kastanien bereitete man in früherer Zeit Schaumlöschmittel oder Leime für die Buchbinderei. Ein Tapezierkleister, dem Kastanienmehl beigemengt wurde, sollte aufgrund seiner Bitterkeit nicht von Maden und Insekten angegriffen werden. Bekannt ist auch die winterliche Gabe der Früchte als Wildfutter. Sie werden zur Fruchtreife von September bis Oktober gesammelt. Besonders Rotwild und Wildschweine nehmen bevorzugt Kastanien als Nahrung an. In der Tiermedizin nutzte man Kastanien zur Behandlung des Pferdeasthmas, wovon sich auch der deutsche Name ableiten lässt. Eine andere Deutung geht auf die hufförmigen Narben, welche die im Herbst abfallenden Blätter hinterlassen, zurück.

Kastanienbäume erreichen Wuchshöhen von bis zu 35 Metern. Sie entwickeln eine dichte, gewölbte Krone, die auch im Winter aufgrund der dicken, starren Äste die charakteristische Form zeigt. Kastanien können in ihrer Heimat bis zu 2000 Jahre alt werden und erreichen dabei einen Stammumfang von über fünf Metern. Zum Schutz vor Nässe und Tierfraß weisen die Winterknospen einen harzig-klebrigen Überzug auf. Kastanien gelten mit der Produktion von bis zu 42 Millionen Pollen pro Blüte als die pollenreichsten Pflanzen der erzgebirgischen Flora. Ihre Früchte erleiden trotz eines relativ hohen Gewichtes beim Herabfallen keinen Schaden, da die reichlichen Stacheln an der Kapsel den Aufprall abfedern. Vor allem Nager verbreiten die Kastanien durch Verschleppen in ihre Baue. Erst nach Bedeckung durch Erde oder Laub keimen diese dann zu einer neuen Rosskastanie aus.

Rosskastanie

Weltenbürger färbt Erzgebirgswiesen rot.

Der Sauerampfer produziert Millionen von Pollen. Die Blätter der Pflanze wirken in zahlreichen Gerichten geschmackssteigernd.

Die Kammlagen des Erzgebirges zeichnen sich aufgrund des kühlen und niederschlagsreichen Klimas insbesondere durch das Vorkommen von Hochmooren aus. Diese schützenswerten Biotope sind über Jahrtausende gewachsen und beherbergen viele selten gewordene Tier- und Pflanzenarten. Ein Wissenschaftszweig – die Pollenkunde – versucht mittels Bohrungen im Torf die Vegetationsgeschichte der Moore zu rekonstruieren. Da unter den sauren und sauerstoffarmen Bedingungen eines Moorkörpers organisches Material nur gering abgebaut wird, können heute noch Ablagerungen identifiziert und dem Erdzeitalter ihrer Entstehung zugeordnet werden. Aufgrund spezifischer Substanzen in der Wand des Pollens (Pollinene) bleibt insbesondere der Blütenstaub praktisch vollständig erhalten. Pollen von Pflanzenarten, der weite Strecken zurücklegen kann, bietet sich an, Erkenntnisse über die Vegetationsgeschichte und menschliche Besiedlung des Erzgebirgsraumes durch Torfanalyse zu gewinnen. Ein prominentes Beispiel stellt der Sauerampfer *(Rumex acetosa)* dar.

Der Sauerampfer gilt als Pflanzenart, welche besonders große Mengen an Pollenkörnern produziert und über den Wind zur Bestäubung verbreiten lässt. Eine männliche Pflanze kann bis zu 400 Millionen Pollenkörner erzeugen, während an der weiblichen „nur“ ca. 1000 dreieckige Samenkörner entstehen können. Die Blütezeit erstreckt sich vom späten Frühjahr bis in den Spätsommer hinein. Die zweihäusige Art gilt als Frische- und Stickstoffzeiger. Sie bevorzugt sonnige oder halbschattige Standorte und einen feuchten, humosen und schwach sauren Boden. Zur Blütezeit bestimmt sie oft den Aspekt ihrer Standorte: Wiesen und feuchte Weiden. In nassen Jahrgängen kann es im Zuge eines Massenauftretens durch die rötlich überlaufenen Blätter zu einer ähnlichen Verfärbung der Erzgebirgswiesen auch zur Heuernte kommen. Die verschiedenen Sauerampferarten sind zirkumpolar verbreitet, das Areal des Gemeinen Sauerampfers ist dabei auf Europa begrenzt.

Ebenso wie der vielfach kultivierte Rhabarber sind Sauerampferpflanzen stark oxalsäurehaltig. Dieser Inhaltsstoff dient der Pflanze als Schutz vor Fraßfeinden. Bei Weidetieren kann ein vermehrtes Auftreten des Sauerampfers im Futter zu Vergiftungen führen und zum Beispiel die Milchleistung der Kühe herabsetzen. Ungeachtet dessen sind unter anderem des sauren Geschmacks des Sauerampfers wegen vielfältige Einsatzmöglichkeiten in Küche und Volksmedizin bekannt. Die Blätter besitzen große Mengen an Vitamin C und Mineralstoffen. Als Zusatz in traditionellen Kartoffel- oder Linsensuppen wurden früher im Erzgebirge die jungen Blätter und Schößlinge vielfach verwendet. Auch in Saucen für Fisch und Fleisch sollen sie geschmackssteigernd wirken. In Frankreich bildet der Sauerampfer sogar eine übliche Speisezutat. Vielfach wird er dazu dort in Gärten angebaut.

Sauerampferpflanzen gelten als stoffwechselfördernd und die Ausscheidungsorgane anregend. Jedoch ist diese Wirkung schulmedizinisch nicht belegt. Grundsätzlich sind bei innerer Anwendung nur geringe Mengen zu empfehlen. Zudem muss bei Nierenstörungen, Rheuma, Gicht und Harnleiden von einer Einnahme generell abgeraten werden. Bei Kindern sind starke Vergiftungen durch den Verzehr großer Mengen Sauerampfer, der zu Calciummangel führen kann, bekannt. Eine Überdosierung führt zu schweren Störungen der Verdauungs- und Ausscheidungsorgane. Äußerlich kommen zerriebene Sauerampferblätter bei Verletzungen, Schnittwunden, Abschürfungen und Verbrennungen zur Anwendung. Dazu werden die Blätter in den Monaten Mai bis Juni gesammelt, wobei kontaminierte Standorte – Vorsicht ist insbesondere hinsichtlich des Dünger- und Pestizideinsatzes der Landwirtschaft geboten – strikt zu meiden sind.

Der Gemeine Sauerampfer gehört zur Familie der Knöterichgewächse. Volksnamen der ausdauernden Pflanze lauten „Roter Heinrich“, „Roter Ritter“ oder „Ochsenzunge“. Sie besitzt große, unbehaarte, pfeilförmige und langgestielte Blätter sowie bis zu einem Meter lange Blütenstiele. An ihnen sitzen die Blüten in endständigen Ähren. Blätter und Blütenstände entspringen einer charakteristischen Rosette, wobei sich die ersten Blättchen im Erzgebirge je nach Witterungsverlauf oft schon ab März entfalten. Die verschiedenen Sauerampfer-Arten ähneln einander erheblich. Eine vegetative Vermehrung der Pflanze ist stark ausgeprägt, indem am reich verzweigten Wurzelsystem mit kurzem Rhizom und der fleischigen Pfahlwurzel ständig neue Knospen gebildet werden. Die Blütenblätter verbleiben an der Frucht und bilden Flügel für die Verbreitung, welche – wie beim Pollen – wiederum der Wind übernimmt.

Sauerampfer

Früchte besitzen siebenfachen Autoreifendruck.

Der erschütterungsempfindliche Sauerklee besiedelt alte Baumstümpfe. In Zucker eingelegte Blätter ergaben früher Würzmittelersatz.

Der Sauerklee *(Oxalis acetosella)* verleiht der Familie der Sauerkleegewächse ihren Namen. Heute lebende Vertreter dieser Gruppe verkörpern Reste einer in der früheren Erdgeschichte mannigfaltigeren Familie. Sie sind hauptsächlich in den Tropen und Subtropen verbreitet. Der im Erzgebirge nicht seltene Sauerklee stellt dabei die einzige ursprünglich europäische Art, jedoch wurden drei weitere Arten vom Menschen in diesen Naturraum eingeschleppt. Sauerkleepflanzen kommen vom Tiefland bis in die Bergstufe vor. Sie besiedeln meist ausgesprochen schattige Stellen in Gebüschen, Laub- und Nadelwäldern, Mooren sowie in Erlenbrüchen. Kaum eine Pflanze verträgt tieferen Schatten und verschwindet beispielsweise so rasch auf Kahlschlag-Flächen wie der Sauerklee. Er toleriert die sauren Böden der erzgebirgischen Wälder, liebt aber besonders humosen Untergrund. Die Pflanze gedeiht am besten an feuchten Standorten, zum Beispiel auf sich zersetzendem Holz oder alten Baumstümpfen. Aus diesem Grund gilt der Sauerklee als Zeigerpflanze für Böden, in denen vermehrt organische Substanz zersetzt wird. Hier bildet er oft teppichartige Bestände. Die Heimat des Sauerklees ist neben Europa auch Südrussland und Sibirien, Nordafrika, Japan und Nordamerika.

Die bis 15 Zentimeter lang gestielten Blüten des Sauerklees stehen zwischen den gedrängten, dreizähligen Blättern der Pflanze. Sie erscheinen zur Zeit des Laubaustriebs der Bäume (April/Mai) und öffnen sich nur mittags bei Sonnenschein. Als Bestäuber kommen Käfer sowie kleine Zweiflügler wie Läuse und Fliegen in Betracht. Der Blütenstiel wendet sich im Anschluss an die Blütezeit nach unten, um sich danach bei Fruchtreife wieder aufzurichten. Da der Nektar tief in der Blüte verborgen liegt, gilt Insektenbesuch des Sauerklees aber als spärlich. Deshalb entwickelt die Pflanze im Sommer kleine, sich nicht mehr öffnende Blüten, in denen Selbstbestäubung stattfindet. Sauerkleesamen werden über einen Schleudermechanismus, dessen Druck das Siebenfache eines Autoreifens erreicht, bis zu zweieinhalb Meter weit ausgestreut. Ameisen verschleppen sie in noch größere Entfernung. Die Keimdauer ist jedoch extrem kurz und eine Austrocknung vertragen die Samen nicht.

Der Sauerklee vermehrt sich zudem über die weitstreichenden Ausläufer an seinem Rhizom. Dieses speichert Nährstoffe und steht mit einem Wurzelpilz in Verbindung. Bei hoher Luftfeuchtigkeit im Waldklima besitzen die Kleeblättchen die Fähigkeit aktiv Wasser auszuscheiden. Auch klappen sie sich bei Erschütterung oder Beschattung zusammen und nehmen eine sogenannte „Schlafstellung“ ein. Diese Reaktion dauert einige Minuten. Die Blätter des Sauerklees dienen Waldtieren als Nahrung. Aus diesem Grund erhielt der Sauerklee im Volksmund auch die Namen „Hasen-“ oder „Kuckucks-Klee“. Allgemein gilt er als Wetterzeiger, wovon sich beispielsweise der Name „Wetterhahn“ ableitet. So soll Blütenreichtum ein nasses Jahr ankündigen.

In früherer Zeit wurde die Sauerkleepflanze pharmazeutisch verwendet. Eine Paste aus frischen Blättern kam äußerlich als Heil- und Ätzmittel zum Einsatz und wurde bei Schwellungen verwendet. Gegen Zahnfleischentzündungen kaute man die Blätter. Auch als Gegengift bei Quecksilbervergiftungen wurde der Sauerklee eingesetzt. Die Heilanwendung besitzt jedoch keinerlei schulmedizinische Bestätigung. Das Kraut enthält viel Vitamin C, aber auch hohe Mengen Oxalsäure und Calciumoxalat. Besonders aufgrund letzterer Stoffgruppe muss heute von der inneren Anwendung des Sauerklees abgeraten werden. Er wird als giftig eingestuft. Vor allem bei Kindern, welche die Pflanze gern wegen des sauren Geschmacks essen, und bei Menschen mit Nierenproblemen besteht akute Vergiftungsgefahr. Allzu reichlicher Genuss wirkt nierenschädigend und kann tödlich sein. Dies wurde bei Sauerklee fressendem Weidevieh im Frühjahr, wenn das Grün noch rar ist, mehrfach beobachtet. In geringen Mengen wurde der Sauerklee früher als natürliches Säuerungsmittel vor dem Einzug der Zitrone in die erzgebirgischen Küchen benutzt. Frische, im Frühling gesammelte Blätter kamen als Beigabe in Spinat, Salate und Kräutersuppen oder dienten der Herstellung erfrischender Getränke. In Zucker eingelegt ergaben sie eine Würze.

Aus der Sauerkleepflanze wurde früher das „Kleesalz", ein oxalsaures Kali gewonnen. Es kam in der Druckerei, Färberei und Lösungsmittelindustrie zum Einsatz. Zudem erwies es sich zur Beseitigung von Tinten- und Rostflecken auf Leinengewebe oder zum Bleichen von Stroh beziehungsweise Putzen von Kupfer und Messing als dienlich.

Sauerklee

Blätter mästen Stalltiere, während das Holz den Berg stützt.

Die Schwarzerle lebt eng mit Bakterien zusammen. Die Laubblätter des Baumes zeigen entzündungshemmende Wirkung.

Wenige Landpflanzenarten der erzgebirgischen Flora besiedeln stark wasserführende Standorte. Unter den Bäumen ist neben Weiden nur die Schwarzerle *(Alnus glutinosa)* auf grundwasserfeuchtem, nährstoffreichem Untergrund vertreten. Da diese Bodenqualität meist starke Bindung an Fließgewässer zeigt, gelten vor allem Gewässerufer und Weidengebüsche sowie Bruch- und Niederwälder als Lebensraum der Schwarzerle. Schwarzerlen sind in Europa, Westasien und in Sibirien heimisch. Sie kommen bis zu einer Höhe von 1800 Metern über dem Meeresspiegel vor.

Noch um 5000 v. Chr. sollen erheblich größere Gebiete als heute von der Erle besiedelt gewesen sein, da in dieser Epoche ein feuchteres Klima herrschte. Am Rand von Moorbiotopen bildet der Baum auch in der heutigen Landschaft noch den typischen Erlenbruchwald, eine geschützte Waldform. Schwarzerlen können bis zu 120 Jahre alt werden. Viele Bäume erreichen dieses Alter jedoch nicht, da die Schwarzerle aufgrund von Entwässerungsmaßnahmen – Schwarzerlen sind sehr empfindlich gegenüber Trockenheit – und betroffen vom „Erlensterben“, hervorgerufen durch eine Pilzinfektion im Wurzelbereich, hochgradig gefährdet ist.

Die zehn bis 30 Meter Wuchshöhe erreichende Baumart besitzt ovale, am Rand doppelt gesägte sowie spitzenwärts ausgerandete Blätter, die in jungem Zustand einen klebrigen Überzug aufweisen. Im Alter tragen sie eine dunkelgrüne Farbe bei hellerer Unterseite. Schwarzerlenblätter verfärben sich im Herbst nicht, sind stickstoffreich und leicht zersetzbar. Schwarzerlen gelten als die Bäume mit der höchsten Verdunstung der einheimischen Flora. Früher fing man im Erzgebirge Mücken mit aufgehängten, jungen Erlenzweigen. Die Schwarzerle erreicht ihr Blühalter schon mit weniger als zehn Jahren. Die grauen Äste tragen im Frühjahr sowohl die kätzchenförmigen männlichen Blüten, als auch die weiblichen in Form rundlicher Kegel. Sie erblühen von März bis April. Der Schwarzerlenpollen weist, typisch für windblütige Pflanzenarten, eine gute Trocknungs- und Feuchtigkeitsresistenz auf. Nachdem die Kätzchen schon im Vorjahr angelegt werden und den Winter ungeschützt überdauern, fallen sie im Anschluss an die Blütezeit ab. Die weiblichen Blüten verbleiben am Baum und verholzen zu Zapfen. Diese sind eine wichtige Nahrungsquelle für verschiedene Vogelarten im Winter. Die ölreichen Erlensamen werden über den Wind, das Wasser oder durch Vögel, wie den Erlenzeisig, verbreitet. Sie benötigen ein feuchtes Keimbett.

Das Holz der Schwarzerle zeigt eine gelbliche, an den Schnittflächen auffallend blutrote Färbung, ist weich und leicht spaltbar. Früher wurde es bei Wasserbauten und im Erzgebirge im Grubenbau eingesetzt und kam in der Möbeltischlerei, in Form von Holzkohle oder auch als Küchengeschirr zur Anwendung. Auch Fischräuchereien nutzten meist Erlenholz. Die rissige und dunkel gefärbte Schwarzerlenborke weist einen hohen Gerbsäuregehalt auf. Dieser Inhaltsstoff verleiht ihr Widerstandsfähigkeit gegen Fäulnis und bildet die Grundlage ihrer Verwendung in der Gerberei. Auch Wolle wurde mit Hilfe der Erlenblütenstände oder der Borke des Baumes gefärbt. Ihren Namen erhielt die Schwarz-Erle von jenem schwarzen Farbstoff, den man aus der Borke und den Zapfen des Baumes gewann.

Für eine heilkundliche Anwendung wurden früher junge Erlenblätter in den Monaten April bis Mai gesammelt. Sie besitzen einen hohen Gerbstoffgehalt und sollen dementsprechend entzündungshemmend sowie heilungsfördernd wirken. Innerlich kommt ein Absud aus ihnen bei Darmkatarren und leichten Durchfallerkrankungen zum Einsatz. Er dient auch zum Spülen bei Entzündungen im Mund und Rachenraum. Schon im Mittelalter war diese Verwendung der Schwarzerle durch Kräuterbücher bekannt. Weiterhin enthalten die Blätter Anthrachinone, die ihnen einen bitteren Geschmack verleihen. Frisch gestoßen werden sie auf rissige Haut aufgelegt.

Die lichtliebende Schwarzerle ist eine besonders in der Jugend schnellwachsende Baumart. Sie besitzt eine lockere Krone mit fast waagerecht ausgebildeten Seitenästen. In der bäuerlichen Niederwaldwirtschaft machte man sich die Eigenschaft der Schwarzerle zu Nutze, abgeschlagen am Stock wieder kräftig auszutreiben. Die jungen Schösslinge wurden geerntet und das Laub in einer Hütte auf dem Hof (die sogenannte „Laube“) getrocknet. Im Winter diente es anschließend der Viehfütterung. Die so entstandenen dichten Stöcke besitzen aus heutiger Sicht ökologische Bedeutung als Lebensraum für unzählige Tier- und Pflanzengruppen. Eng an Erlen gebunden sind mehr als 150 Insektenarten, zahlreiche Vogelarten und über 70 unterschiedliche Großpilze. Schwarzerlen gehen zudem eine Symbiose mit Bakterien (Gattung *Frankia*) ein, welche in zum Teil apfelgroßen Knollen an ihrer Wurzel leben. Sie binden den Luftstickstoff und machen ihn für den Baum nutzbar. Letzterer liefert den atmenden Bakterien im Gegenzug über ein speziell ausgebildetes Luftröhrensystem im Holz den benötigten Sauerstoff sowie Nährstoffe in Form von Zuckern aus der Photosynthese. Auf diese Weise belüften Schwarzerlen das gesamte Erdreich an ihren Wurzeln und sind deshalb zur Rohbodenkultivierung ausgesprochen gut geeignet. Aufgrund ihrer bodenverbessernden Eigenschaften pflanzt man Erlen außerdem zuweilen im Waldbau als Vorwald für anspruchsvollere Baumarten an. Da Erlen ein dichtes Wurzelwerk aufweisen, das auch unter die mittlere Grundwasserlinie reicht, werden die Bäume in Anpflanzungen zur dauerhaften Uferbefestigung von Bächen und Flüssen eingesetzt, vor allem, um Erosionserscheinungen vorzubeugen.

Schwarzerle

Trockenlandpflanze hilft dem Vieh und dem Menschen.

Die genügsame Schafgarbe war schon griechischen Helden bekannt. Die Pflanze kommt als appetitanregender Belag aufs Brot.

Nicht selten findet man auf erzgebirgischen Schafweiden zwischen abgenagter Vegetation große Mengen stehengebliebener, bis zu einen Meter hoher Pflanzen. Sie blühen weiß bis selten rötlich. Die Blütenstände der Schafgarbe *(Achillea millefolium)* – der deutsche Name nimmt auf dieses Vorkommen Bezug – werden im Gegensatz zu den Blattsprossen von den Weidetieren gemieden. Erkranktem Stallvieh fütterten die Bauern dennoch häufig Schafgarbe, da junge Pflanzen, in geringen Mengen im Grün- oder Trockenfutter verabreicht, verdauungsfördernd auf die Tiere wirken sollen.

Die Gemeine Schafgarbe, von der zahlreiche Unterarten existieren, gedeiht unter recht unterschiedlichen Bodenbedingungen. Sonnige und trockene Standorte werden aber bevorzugt besiedelt. Als typische Trockenlandpflanze ist sie ausgesprochen genügsam und zeichnet sich durch besondere Widerstandsfähigkeit gegen Hitze und Kälte aus. Lediglich ein ausreichendes Stickstoffsalzangebot sollte im Boden vorliegen. Die Blütezeit der Schafgarbe kann im erzgebirgischen Naturraum von Juni bis zum Frostbeginn andauern. Schafgarben besiedeln Standorte von der Ebene bis in Gebirgslagen von über 2500 Metern Höhe. Typische Standorte sind Fettwiesen und Weiden, Halbtrockenrasen sowie Wegränder und Ödland, wo die Pflanze dem Boden erhebliche Mengen an Nährstoffen zu entziehen vermag. Bei Wechselwirtschaft zwischen Getreide und Grünland, wie sie früher im Erzgebirge nicht unüblich war, trat die Pflanze auch auf Äckern oder zwischen den Getreidehalmen auf. Durch den Menschen wurde das ursprünglich in Europa, Nordasien und Nordamerika heimische Kraut weltweit verschleppt.

Die reichblütigen rispenartigen Blütenstände der Schafgarbe – sie gehört zur Familie der Korbblütengewächse – entspringen einer auch im Winter grünen Blattrosette. Sie sitzt dem kriechenden Wurzelstock auf, der zahlreiche Sprosse hervorbringt. Die ausdauernde Schafgarbe blüht nicht selten nach der Heumahd ein zweites Mal, meist jedoch mit kleineren Blütenständen. Dank der kurzen Kronröhre der Einzelblüten können ganz unterschiedliche Bestäuberinsekten – Fliegen, Käfer, Schmetterlinge und Bienen – den Nektar erreichen. Die Früchte der Schafgarbe sitzen an elastischen Spreubändern. Über diese werden sie, ausgelöst durch vorbeistreifende Tiere, katapultartig fortgeschleudert. Jedoch auch eine Verbreitung über den Wind oder den Verdauungsweg der Weidetiere wurde beobachtet.

Die Blätter der Schafgarbe zeigen eine zwei- bis dreifach gefiederte Form. Diesem Umstand verdankt die Pflanze ihren wissenschaftlichen Artnamen *millefolium*, welcher mit „tausendblättrig“ übersetzt werden kann. *Achillea* soll vom griechischen Helden ACHILLES abgeleitet sein, welcher einer Legende nach erstmals die Pflanze benutzte, um die Wunden seiner Krieger zu heilen. Die Schafgarbe besaß in der mittelalterlichen und frühneuzeitlichen Heilkunde große Bedeutung. Der Einsatz in Feldlazaretten bildete den Anlass für die Bezeichnung „Soldatenkraut“. Dabei verfügt die aromatisch duftende Pflanze über ein ähnliches Wirkstoffspektrum, wie die verwandte Kamille. Sie enthält Aconitsäure, Harz, Bitterstoffe, das Alkaloid Achillein und Flavonglykoside sowie vor allem ätherisches Öl. Während die höchsten Mengen an Bitterstoffen in den Blättern nachgewiesen wurden, befindet sich das ätherische Öl konzentriert in den Blüten. Die Samen enthalten bis zu 20 Prozent fettes Öl. Für pharmazeutische Zwecke wird die Schafgarbe vor allem in südost- und osteuropäischen Ländern kultiviert.

Aufgrund der Inhaltsstoffe, die je nach Herkunft, Erntezeitpunkt und Unterart in ihrer Konzentration variieren, soll das leicht bitter schmeckende Schafgarbenkraut schwach krampflösend, entzündungshemmend und antiseptisch wirken. Als appetitanregender Brotbelag oder Zutat zu Wildkrautsalaten dienen junge Blätter. Sie gelten als magen- und gallensaftfördernd. Ältere Blätter kommen, sparsam eingesetzt, als Gewürz zum Einsatz. Eine stoffwechselanregende und herzstärkende Wirkung der Schafgarbe wurde im Zuge einer Frühjahrskur in der erzgebirgischen Volksmedizin viel ausgenutzt. Ein Vollbad kam bei Rücken- oder Unterleibsschmerzen zum Einsatz. Für Heilzwecke wird die gesamte Pflanze zur Blütezeit gesammelt und rasch getrocknet, wobei eine mehrschichtige Lagerung des Erntegutes vermieden werden sollte. Bei empfindlichen Personen können beim Kontakt mit der Pflanze durch Photosensibilisierung allergische Hautveränderungen sowie im Laufe der pharmazeutischen Anwendung Symptome einer Korbblütlerallergie auftreten. In diesen Fällen wird von einer Verwendung dringend abgeraten. Auch sollte die Schafgarbe nicht in zu hohen Dosen, über einen längeren Zeitraum und während der Schwangerschaft und Stillzeit angewendet werden. Auch in Verbindung mit Wein und Kaffee wurden Nebenwirkungen beobachtet. In früherer Zeit diente die Schafgarbe zuweilen als Tabakersatz und gelangte anstelle des Hopfens in Brauereiprodukte. Heute ist in vielen Magenbittern Schafgarbe enthalten. Die Blätter wurden auch zum Braun- beziehungsweise Gelbfärben von Wolle eingesetzt. In modernen Hausgärten findet man häufig rot- oder gelbblühende Varianten als Zierpflanzen angebaut.

Schafgarbe

Eine Lichtpflanze folgt dem Menschen auf den Fuß.

Der Spitzwegerich vertraut bei seiner Bestäubung auf den Wind. Das Kraut gilt als ein überall verfügbares Wundmittel.

Der Spitzwegerich *(Plantago lanceolata)* repräsentiert eine sehr alte Heilpflanze. Schon im antiken Griechenland war seine blut- und schmerzstillende Wirkung bekannt. Häufig wurde er bei Stichen von Skorpionen und Insekten sowie nach Verletzungen durch wilde Tiere eingesetzt. Von

Indianern ist zum Beispiel überliefert, dass sie den Spitzwegerich zur Behandlung von Bissen giftiger Schlangen verwendeten. In den Kräuterbüchern des 16. und 17. Jahrhunderts wurde er als Wundkraut und Wurmmittel empfohlen. Die Anwendung des Spitzwegerichs gegen Husten war früher im Erzgebirge so sprichwörtlich, dass der Ausdruck „Spitzwegerichsaft" sich als Bezeichnung für Hustensäfte im Allgemeinen im Sprachgebrauch verankerte.

Heute wird die Heilbedeutung der Pflanze auch von der Schulmedizin größtenteils anerkannt. In der Volksmedizin findet der Spitzwegerich vor allem bei Entzündungen im Mund- und Rachenraum sowie bei Husten und Lungenbeschwerden Verwendung. Er besitzt jedoch ebenso bei der Wundbehandlung ein breites Einsatzgebiet, besonders im Falle schmerzender Insektenstiche und schwer heilender Verletzungen. Die wunden Stellen werden mit gewaschenem und zerquetschtem Pflanzenmaterial oder mit in Presssaft getränkten Tüchern verbunden. Antibakteriell wirkende Substanzen, die durch Enzyme aus einem Inhaltsstoff des Spitzwegerichs (Aukubin) an den Wunden gebildet werden, sollen für die schmerzstillenden Eigenschaften verantwortlich sein. Zur pharmazeutischen Verarbeitung wird das Spitzwegerichkraut hauptsächlich aus osteuropäischen Ländern importiert.

Als Hustenmittel kommt ein Teeaufguss zur Anwendung. Das blühende Spitzwegerichkraut wird dafür in den Monaten Mai bis Juni gesammelt. Das Sammelgut ist sehr druckempfindlich, verfärbt sich leicht dunkel und wird damit unbrauchbar, sollte also rasch getrocknet werden. Den im Kraut enthaltenen Schleim- und Gerbstoffen wird ein hustenlösender Effekt zugeschrieben, während Bitterstoffe heilend auf den Magen-Darm-Trakt einwirken sollen. Letztere Stoffgruppe macht zudem schwere Speisen leicht verdaulich. Des Weiteren enthält der Spitzwegerich mineralische Bestandteile mit stoffwechselaktivierender und so das Blut reinigender Wirkung sowie Vitamin C. Die gleichen Substanzen wurden in anderen Mengen beim Weide- *(Plantago media)* und Breitwegerich *(Plantago major)* nachgewiesen. Frisch gelangen junge, würzig schmeckende Wegerichblätter in Salate und Quark oder werden zu Sirup verarbeitet.

Der Spitzwegerich treibt aus einem ausdauernden, grundständigen Wurzelstock eine Blattrosette lanzettlicher Blätter. Sie erreichen Längen von 20 Zentimetern und besitzen eine nahezu parallele Aderung. Darauf lassen sich Volksnamen wie „Aderblatt", „Siebenrippe" oder „Aderkraut" zurückführen. Auf blattlosen, gefurchten Stengeln sitzen die unscheinbaren Blüten in bräunlichen Ähren. Sie blühen nacheinander gegen die Spitze auf. Am auffälligsten sind ihre weit herausragenden Staubblätter, welche auf die Bestäubung der Blüten durch den Wind hinweisen. Die Blühperiode dauert ab Mai den ganzen Sommer bis in den Herbst an. Der Blütenstand des Spitzwegerichs kann bis zu einem halben Meter hoch werden.

Pflanzen aus der Familie der Wegerichgewächse gehören zu den häufigsten Kräutern der erzgebirgischen Flora. Sie kommen in großer Zahl auf Wiesen, Weiden, an Wegen, in Gärten und sogar auf Fußballplätzen vor. Wegeriche gehören zur Trittrasengesellschaft, wovon sich auch der Volksname „Wegetritt" für die Wegeriche ableitet. Der Name „Wegerich" stammt aus dem Germanischen und bedeutet soviel wie „Herrscher des Weges". Während der Spitzwegerich eher trockene Standorte bevorzugt, kommt der Breitwegerich in mehr feuchten und nährstoffreichen Habitaten vor. Bei nassem Wetter haften die unzähligen winzigen, schleimreichen Wegerich-Samen an den Füßen von Mensch und Tier oder an Wagenrädern und werden so verbreitet. Da sie unter Lichteinwirkung keimen, sind Wegericharten nur in offenen, sonnigen Lebensräumen zu finden. Der Spitzwegerich ist in Europa und Asien heimisch, wurde jedoch vom Menschen inzwischen in zahlreichen anderen Erdteilen eingebürgert. Die einzelnen Wegericharten steigen in Höhen von bis zu 2000 Metern über dem Meeresspiegel.

Forschungen der Vegetationsgeschichte haben in Gesteinsschichten der Spät- und Nacheiszeit (vor bis zu 10 000 Jahren) flächenhaft Pollen des Wegerichs und anderer Ruderalpflanzen in hoher Zahl aufgedeckt. Dies gilt als deutliches Zeichen erheblicher Eingriffe des Menschen in den Naturhaushalt jener Zeit. In Form von Ackerbau und Brandrodung – Maßnahmen, die den lichtbedürftigen Wegerichgewächsen Ausbreitungsmöglichkeiten boten – wurde das Landschaftsbild schon vom frühzeitlichen Menschen nachhaltig verändert.

Spitzwegerich

Höhlenbewohner verbreitet unangenehmen Geruch.

Der Stinkende Storchschnabel verfestigt den Boden offener Lebensräume. Das Kraut mit unangenehmem Geruch hilft bei der Mottenabwehr.

In der Zeit der Signaturenlehre des Mittelalters schlossen die Menschen im Erzgebirge vom Aussehen einer Pflanze auf ihre pharmazeutische Verwendung. So bestand der Glaube, dass Kräuter, welche eine rote Färbung aufweisen, unter anderem eine blutstillende Wirkung zeigten. Der Stinkende Storchschnabel *(Geranium robertianum)*, auch Ruprechtskraut genannt, besitzt Blatt- und Blütenstiele sowie Blätter, die sich im Herbst oder bei Sonnenbestrahlung rötlich verfärben. Dementsprechend wurde er in früherer Zeit als vielfältige Heilpflanze zum Beispiel gegen Zahnfleischschmerzen und blutende Wunden im Mundraum eingesetzt. Dazu kaute man die Blätter in frischem Zustand. Weitere im Erzgebirge gebräuchliche Volksnamen der Pflanze lauten „Blutkraut", „Rotlaufkraut" oder auch „Gottesgnadenkraut". In zahlreichen Kräuterbüchern des Mittelalters wird der Stinkende Storchschnabel beschrieben.

Die Anwendung des zu Ehren des Heiligen Ruprechts benannten Krautes findet sich erstmals im 12. Jahrhundert erwähnt. Die Pflanze enthält vor allem Gerb- und Bitterstoffe sowie ätherische Öle. Letztere werden in den reichlich vorhandenen Drüsenhaaren gespeichert. Sie verleihen der Pflanze einen unangenehmen Geruch und müssen deshalb für ihren deutschen Namen verantwortlich gemacht werden. Gleichzeitig liefern sie den Anlass einer Verwendung des Krautes zur Mottenbekämfung. Alle Arten der Gattung *Geranium* (daneben aber vor allem Arten der Gattung *Pelargonium*) enthalten das ätherische Öl Geraniol, welches auch in der Parfümindustrie verwendet wird. Das gesamte oberirdische Kraut des Stinkenden Storchschnabels wird zur Blütezeit (in den Monaten Mai bis Oktober) gesammelt. Dabei sollte auf eine gute Qualität des Pflanzenmaterials geachtet werden, denn die Pflanze wird von 15 Arten verschiedener pflanzenparasitischer Pilze befallen. Bei empfindlichen Personen kann der Pflanzensaft zudem Reizungen der Haut hervorrufen! Getrocknetes Storchschnabelkraut soll früher in pulverisierter Form als Brotbelag verwendet worden sein. Pharmazeutisch kommt es als Gurgelmittel bei Angina zum Einsatz, während dem Kaltauszug eine harntreibende Wirkung, mit dem Ziel einer Auflösung von Blasen- und Nierensteinen, zugeschrieben wird. Diese innerliche Anwendung des Stinkenden Storchschnabels ist schulmedizinisch nicht belegt. Äußerlich verwendet man ihn in Umschlägen oder Salben zur Heilung von Hautkrankheiten.

Der Stinkende Storchschnabel ist über die gesamte Erde verbreitet. Er erreicht Wuchshöhen zwischen 10 und 50 Zentimetern. Von der Ebene bis in das Hochgebirge besiedelt er frischen und nährstoffreichen Boden. Die ein- bis zweijährige Pflanze gedeiht sowohl im vollen Sonnenlicht als auch unter Schattenbedingungen. Sie gehört zu den am tiefsten in Höhlen vordringenden Pflanzenarten. Als typische Lebensräume im Erzgebirge gelten krautreiche Wälder, Säume, Felsen, Mauern und Ruderalstellen (besonders entlang von Bahngleisen) in luftfeuchter Lage. Bisweilen findet man das Kraut als Überpflanze auf alten Kopfweiden, Pappeln oder Bergahornbäumen. In Gesteinsschutthalden festigt es den Untergrund.

Das Ruprechtskraut variiert jedoch standortabhängig stark in seinem Aussehen. Die Gattung Storchschnabel zählt etwa 300 Arten, zu denen aber nicht die gezüchteten „Pelargonien" gehören, die meist fälschlicherweise als „Geranien" bezeichnet werden. Von anderen Storchschnabelarten gut zu unterscheiden sind die aus drei völlig getrennten, gefiederten Teilblättchen zusammengesetzten Laubblätter des Stinkenden Storchschnabels. Seine Blattrosette überwintert. Gelenke an den verdickten Blattstielbasen ermöglichen eine genaue Ausrichtung zum größten Lichteinfall, wobei die unteren Blätter aber auf das Substrat abgesenkt werden und die Pflanze stützen.

Die rosa-violetten Blüten stehen paarweise im Blütenstand. Vom Frühsommer bis in den Spätherbst locken sie die Bestäuberinsekten, vor allem Bienen, aber auch Blattläuse, Käfer, Falter und Schwebfliegen, durch eine reichliche Nektarproduktion an. Bei Regen sowie nachts richten sich die Blüten an gekrümmten Stielen mit der Öffnung zum Erdboden aus. Auch Selbstbestäubung kommt vor. Es entstehen fünf lange Spaltfrüchte pro Blüte, die zusammen den bekannten Storchenschnabel bilden. Bei Austrocknung lösen sie sich plötzlich ab und können bis zu sechs Meter weit fortgeschleudert werden. Zwei schlaffe, haarförmige Anhänge ermöglichen zusätzlich ihr Anhaften an vorbeistreichende Tiere.

Stinkender Storchschnabel

Sanfte Nessel liebt nährstoffreichen Untergrund.

Die Blüten der Taubnessel werden von Kindern und Bienen bevorzugt. Ein Badezusatz aus dem Kraut vertreibt Gliederschmerzen.

Nicht selten findet man an Lagerplätzen von Weidevieh und alten Kotstellen auf den erzgebirgischen Wiesen und Weiden eine Pflanze, die auf den ersten Blick der bekannten Brennnessel ähnelt. Beim genaueren Betrachten stellt sich das bis zu 50 Zentimeter hohe Kraut jedoch als die Weiße Taubnessel *(Lamium album)* heraus. Ihr Name signalisiert, dass dieser „harmlosen" Pflanze Brennhaare fehlen. Die Taubnessel gedeiht oft in Gesellschaft mit der Brennnessel auf stickstoffreichen Böden, ist ihrer Konkurrenz um Nährstoffe und Licht aber oftmals unterlegen.

Vielfach findet man die ausdauernde Weiße Taubnessel auch auf Schuttflächen, an Wegrändern, Zäunen und unter Gebüschen. Früher waren die Taubnesselarten allgegenwärtige Begleiter der Kulturpflanzen auf den Äckern, wurden aus diesem Lebensraum jedoch durch den Herbizideinsatz verdrängt. Die Weiße Taubnessel tritt schwerpunktmäßig in montanen Gebieten, wie dem Erzgebirge, auf. Die düngerliebende, ansonsten aber anspruchslose Pflanze besitzt ihr natürliches Verbreitungsgebiet in Europa und Asien. Ihr Ursprung ist nicht mehr festzustellen, da die Taubnessel schon in alter Zeit durch Mensch und Haustier verschleppt worden ist. So gelangte sie auch nach Nordamerika. Zahlreiche Namen wie beispielsweise „Zauberkraut", „Erzengel" oder „Bienenhütel" zeugen von der engen Beziehung des Menschen zu dieser Pflanze.

Die aufrechten vierkantigen Sprosse der Weißen Taubnessel treiben im Frühjahr aus einem verzweigten Wurzelstock, der lange Ausläufer bilden kann und somit der vegetativen Verbreitung der Pflanze dient. Der Stengel trägt gegenständig herzförmige, gesägte Laubblätter, welche beiderseits behaart sind. Die Taubnessel liefert das typische Pflanzenbild aus der Familie der Lippenblütler. Die weißen Blüten mit helmförmiger Oberlippe und dreilappiger Unterlippe in gezähnten Kelchen – heimische Schwesterarten der Weißen Taubnessel besitzen violett gefärbte Blüten – sind zu Scheinquirlen in den Blattachseln vereinigt. Sie duften honigartig. Da die Blütenröhre aufwärtsgebogen ist, kommen der olivfarbene Schlund und die vier Staubblätter (zwei lange und zwei kurze) zum Vorschein. Der Gattungsname lässt sich vom griechischen *lamos,* was soviel wie „Schlund" oder „Rachen" bedeutet, ableiten. Die Taubnesselfrucht zerfällt in vier Nüsschen.

Taubnesseln weisen eine unregelmäßige Blühperiode von Mai bis Oktober auf. Während einige Pflanzen im Frühjahr schon ihre Blüten öffnen, blühen andere erst ab Sommermitte bis in den Herbst hinein. Das gesamte Kraut kann zur Blütezeit gesammelt und zur Teezubereitung getrocknet werden, obwohl den Blüten dabei die eigentliche Bedeutung zukommt. Taubnesselkraut enthält insbesondere Saponine, Schleim- und Gerbstoffe, Flavonoide und ätherisches Öl. Den Inhaltsstoffen wird eine schwach auswurffördernde, entzündungshemmende und harntreibende Wirkung zugeschrieben, wobei die Schleimstoffe zur Reizmilderung beitragen sollen. Deshalb wird ein Tee aus Taubnesselkraut bei Katarren der oberen Luftwege, Beschwerden der Harnwege und Schlaflosigkeit eingesetzt. Auch als Badezusatz bei Gliederschmerzen und als wundreinigende Auflage bei leichten Verbrennungen sowie kleineren Verletzungen kommt die Taubnessel zum Einsatz. Weitere Anwendungsgebiete sind Nervenschmerzen, Husten und Störung der

Darmtätigkeit. Schon Sebastian KNEIPP empfahl die Dämpfe der Abkochung gegen Ohrenleiden. Taubnesseln besitzen einen spinatartigen Geschmack und wurden in Notzeiten im Erzgebirge verbreitet als Gemüse zubereitet. Ebenso fanden sie aufgrund ihres Vitaminreichtums in Salaten Verwendung. In Wein gesottene Wurzeln der Taubnessel wurden früher bei Nierensteinen eingesetzt. Schulmedizinisch ist die Wirksamkeit des Krautes jedoch nicht belegt.

Bei Kindern ist das Aussaugen der Blüten beliebt, da diese verhältnismäßig große Mengen an Nektar produzieren. Er wird auch von verschiedenen Insekten genutzt, vor allem Hummeln, die beim Nektarsaugen die Bestäubung übernehmen. Auf diese Weise entstanden Namen wie „Bienensaug“ und „Honigblume“. Taubnesseln gelten als gute Bienenweide und sind nicht nur deshalb für Wildpflanzengärten zu empfehlen. Ein Haarkranz in der Kronröhre schützt den Nektar vor räuberischen Tieren, die keine Bestäubungsfunktion aufgrund ihrer geringen Größe ausüben können. Nicht selten jedoch beißen sie ein Loch in die Blütenhülle und gelangen so an die energiereiche Nahrung. Bei ausbleibendem Insektenbesuch ist die Pflanze in der Lage, sich durch Selbstbestäubung fortzupflanzen. Ameisen verschleppen häufig die ölreichen Taubnesselsamen in ihre Nester, aus denen in darauffolgenden Jahren neue Pflanzen entstehen. So können Taubnesseln sogar auf Bäume gelangen.

Weiße Taubnessel

Unscheinbares Pflänzchen ernährt Stubenvögel.

Die Vogelmiere begleitet den Menschen seit seiner Sesshaftwerdung. Das Kraut ergibt ein zartes Wildgemüse.

Eine kleine unscheinbare Pflanze führt ein oft unbeachtetes Dasein und ist doch im Erzgebirge ebenso häufig wie rund um den gesamten Erdball. Die Vogelmiere *(Stellaria media)* begleitet die menschliche Kultur als Ackerwildkraut seit der Entstehung des Kulturpflanzenanbaus in der

Steinzeit. Deshalb gilt sie in unserem Naturraum als Archaeophyt. Die ursprüngliche Heimat der Pflanze liegt in Europa und Asien. Neben den Hackkulturen der Landwirtschaft bieten insbesondere lehmige, stickstoffreiche Böden im Erzgebirge auf Wiesen und Waldlichtungen, Wegränder oder sogar alte Dungstellen der Weidetiere geeigneten Lebensraum für die Vogelmiere. In den Siedlungsgärten zeigt die Vogelmiere guten Boden an. Sie tritt oft in kleinflächigen, aber individuenreichen Beständen auf und entwickelt unter günstigen Bedingungen sechs Generationen pro Jahr. Seit frühgeschichtlicher Zeit wird die robuste Vogelmiere vom Menschen als „Unkraut" bekämpft, erweist sich jedoch als ungemein lebenstüchtig. So besitzen ihre Samen eine Lebensdauer von bis zu 60 Jahren!

Dabei bestehen für die kleine Pflanze vielfältige Verwendungsmöglichkeiten. In der Volksmedizin wird sie in Form von Tee und Umschlägen gebraucht, da sie neben einigen Vitaminen auch Kieselsäure, Kalium und weitere Minerale sowie verschiedene Saponine enthält. Tee aus Vogelmierenkraut kommt als Immunstimulanz sowie bei Magen-Darm-Beschwerden und Erkältungskrankheiten zum Einsatz. Die Pflanze gehört zu den wenigen Arten, die das ganze Jahr über gesammelt werden, da sie nur an Frosttagen ihr Wachstum einschränkt. Die Vogelmiere wächst sogar unter dem Schnee weiter. Zur Teebereitung wird meist das frische Kraut verwendet. Umschläge mit frischer, zerquetschter Vogelmiere sollen heilend auf leichte Hautverletzungen wie Abschürfungen oder Ausschläge sowie bei Augenentzündungen wirken. Selbst in der Küche besitzt das Kraut vielfältige Einsatzmöglichkeiten. Eine kurze Kochzeit ergibt ein zartes Gemüse, roh dient die Vogelmiere als Salat mit hohem Vitamin-C-Gehalt. Sie besitzt einen etwas nussigen Geschmack. Jedoch sollten keine übergroßen Mengen auf einmal verzehrt werden und Schwangeren wird von der Verwendung des Krautes generell abgeraten.

Die kleinen weißen Blüten der Vogelmiere stehen einzeln endständig an der Blütenstandsachse. Vogelmierepflanzen erreichen Wuchshöhen von bis zu 40 Zentimetern. Durch mehrfach gabelige Verzweigung aber kann ein einzelner kriechender Stengel einen halben Meter Länge erreichen, wobei er an den Stellen, an denen die Blätter entspringen, neue Wurzeln zur Verankerung im Boden ausbildet. Volksnamen wie „Hühnerdarm" oder „Mausdarm" leiten sich von dem zähen Zentralstrang ab, der beim Auseinanderreißen der Vogelmierenstengel zum Vorschein kommt. Abgesehen von einer großen Formenmannigfaltigkeit der Pflanze gelten eine Längsreihe von Haaren am Stengel sowie die tief gespaltenen Blütenblätter als charakteristische Merkmale der Vogelmiere.

Die Vogelmiere – sie gehört zur Familie der Nelkengewächse – wird aufgrund ihrer sternförmigen Blüten auch „Sternmiere“ genannt. Der Name „Gänsegras“ deutet auf die Verfütterung der Pflanze an gefiederte Haustiere, insbesondere bei deren Erkrankung, hin. Auch Stubenvögel fressen das Kraut sowie die ölhaltigen Samen gern. Als Ganzes ergibt die Vogelmiere ein saftiges Futter. Mit Honigdrüsen am Grund der Staubblätter lockt die Pflanze verschiedene Insekten an. Sie ist jedoch nicht auf die Blütenbesucher zur Fortpflanzung angewiesen, da häufig schon in den Blütenknospen Selbstbestäubung stattfindet. Mit ihren dichten Polstern bedeckt die Vogelmiere schnell aufgebrochene Erde und verhindert so eine übermäßige Verdunstung. Das einjährige Kraut, das an geschützten Stellen auch mehrjährig werden kann, gilt als Pionierpflanze bei der Besiedlung von Brachland.

Vogelmiere

Kleinere Früchte besitzen besseren Geschmack.

Die Walderdbeere vermehrt sich durch lange Ausläufer. Der Tee aus dem Kraut wird als tägliches Kräftigungsgetränk geschätzt.

Wie archäologische Funde aus der Neusteinzeit belegen gehörten Walderdbeeren vermutlich zu den ersten Früchten, die der Mensch in den gemäßigten Breiten sammelte. In prähistorischer Zeit scheint die Walderdbeere *(Fragaria vesca)* um den Mittelmeerraum verbreitet gewesen zu sein. Die Römer priesen sie als „Königin der Beerenfrüchte" und führten die Pflanze nach Westeuropa ein. Erste Kultivierungsberichte stammen aus dem Frankreich des 14. Jahrhunderts. Nach 1900 wurde die Walderdbeere in den Gärten durch die größere und stärker zuckerhaltige amerikanische Garten- oder Ananaserdbeere verdrängt. Die wichtigsten Erdbeerproduzenten Europas sind heute Italien und Spanien. Die dort kultivierte sortenreiche Gartenerdbeere – auch die Walderdbeere kommt in vielen Unterarten und Formen vor – gilt jedoch im Vergleich zur europäischen Wildart als weniger aromatisch.

Walderdbeeren besiedeln heute die gemäßigten Zonen Europas und Asiens, sind aber durch den Menschen zirkumpolar verschleppt worden. Sie kommen von der Ebene bis an die Baumgrenze vor. Als in der erzgebirgischen Natur typische Habitate der Walderdbeere gelten kurzrasige Lichtungen, Waldwege, Viehweiden in Waldnähe, Hecken und Gebüsche, also allgemein vor allem konkurrenzarme Standorte. Die Pflanze meidet stark sauren Boden und wird als Stickstoffzeiger eingestuft. Dennoch gedeiht das mehrjährige Kraut auf nährstoffreichen Gemüsebeeten oft nur spärlich. Da die Walderdbeere relativ viel Sonne benötigt, bleibt die Fruchtbildung unter stärkerer Beschattung aus. In Gärten wird sie gern unter Beerensträuchern zur Bodendeckung angebaut und verträgt sogar Mahd und Tritt. Außerdem sind Walderdbeeren wesentlich widerstandsfähiger als die Kultursorten gegenüber Krankheiten und Parasiten.

Die Erdbeere bildet eine Sammelfrucht, das heißt, die eigentlichen Früchte (Nüsschen) stehen gemeinsam an einer Vorwölbung des Blütenbodens. Sie reift vom Juni bis August heran. Die Verbreitung der Samen erfolgt vor allem über den Verdauungstrakt von Schnecken und Vögeln, jedoch auch Klebverbreitung wurde nachgewiesen. Verschiedenste Insekten (aber keine Schmetterlinge) gelten als Besucher der lang gestielten Blüten mit den charakteristischen fünf weißen Kronblättern. Die Blüten stehen oft zu fünft im bis zu 20 Zentimeter hohen Blütenstand und blühen von unten nach oben auf. Meist jedoch vermehrt sich die Pflanze durch Selbstbefruchtung. Das lateinische Wort *fragans* im Gattungsnamen der zu den Rosengewächsen zählenden Pflanze bedeutet so viel wie „duftend". Der lateinische Name *vesca* wird mit „essbar" übersetzt.

Die Früchte der Erdbeere enthalten Fruchtsäuren, Enzyme, Fermente, Vitamine und Mineralstoffe sowie bis zu zehn Prozent Zucker. Sie werden in den Monaten Mai bis Juli gesammelt und frisch verzehrt. Walderdbeeren gelten als Diätikum. Ihnen wird eine Schutzwirkung gegenüber oxidativem Stress zugeschrieben, weshalb sie auch in Kosmetika angewendet werden. Wie bei allen Wildfrüchten ist jedoch bei der Sammlung in Wäldern Vorsicht vor Kontaminationen, beispielsweise durch den gefährlichen Fuchsbandwurm, geboten. In Europa wird die Erdbeere durch drei

Arten vertreten, welche sehr variabel und dadurch schwer zu unterscheiden sind. Die Zimt- sowie die Knackerdbeere sind weniger süß als die Walderdbeere. Pharmazeutisch wird vor allem letztere verwendet. Zur Sammlung dienen die jungen dreizähligen Blätter während der Blütezeit. Sie sind wintergrün, langgestielt und besitzen eine behaarte Ober- sowie filzige Unterseite. Der kurze Rhizomstock der Walderdbeere entwickelt eine Blattrosette, welche auch den Ausgangspunkt der typischen Ausläufer bildet. Diese wurzeln an den Knoten und produzieren durch das Absterben der Verbindungsachsen selbständige Tochterindividuen. Bei freiem Wuchs, zum Beispiel an Böschungsmauern, können die Ausläufer Längen von bis zu zwei Metern erreichen.

Die in der pharmazeutischen Industrie verwendeten Walderdbeerblätter stammen im Wesentlichen von Importen aus dem süd- und osteuropäischen Raum. Walderdbeerblättertee gilt als tägliches Kräftigungsgetränk für Menschen mit Blutarmut und Nervosität. Dies ist auf die Inhaltsstoffe des Erdbeerlaubs – Zimtsäure, Kaffeesäure, Chlorogensäure, Flavonoide und vor allem Gerbstoffe – zurückzuführen. Äußerlich kommt der Absud bei entzündlichen Hautveränderungen und als Gurgelmittel bei Rachenentzündungen zum Einsatz, während er innerlich zur Blutreinigung und zur Förderung des Stoffwechsels dient. Der frische Presssaft wird als Hautreinigungsmittel benutzt. Die Wirksamkeit der Verwendung von Erdbeerblättern ist jedoch wissenschaftlich nicht belegt. Zuweilen sind allergische Reaktionen auf die Inhaltsstoffe der Erdbeere, zum Teil in Kombination mit Allergien gegenüber Rosengewächsen, möglich. Dann ist von einer Verwendung abzuraten. Fermentierte Blätter der Walderdbeere ersetzen zuweilen den schwarzen Tee. Industriell werden Walderdbeerblätter als Fülldroge in Teemischungen eingesetzt, sie fungieren zum Teil als Geschmackskorrigens. Im Erzgebirge sind sie gemeinsam mit Brombeer- und Himbeerblättern Bestandteil des Haustees, welcher den Winter über getrunken wird. Pharmazeutisch nicht zur Verwendung kommt die Gartenerdbeere.

Walderdbeere

Feuerkraut schützt Forstpflanzen vor Sonne und Frost.

Das Weidenröschen gedeiht oft in größeren Beständen.
Das Kraut soll die Milchviehleistung positiv beeinflussen.

Die meisten Pflanzen reagieren auf die Erdanziehungskraft, indem sie ihr Wurzelsystem dieser entgegentreiben. Einige Pflanzenarten richten aber auch oberirdische Teile nach dem Schwerereiz aus. So die attraktiven purpurroten Blüten des Schmalblättrigen Weidenröschens *(Epilobium*

angustifolium), die dadurch eine deutlich unterschiedlich gestaltete Ober- und Unterseite erhalten. Besonders auffällig ist der herabgebogene Griffel. Eine mögliche Erklärung dieser Gestaltung mag in der Erleichterung des Insektenbesuchs, der sich vom süßen Nektar des Fruchtknotens und dem Blütenstaub ernährt, liegen. Hauptsächlich Hautflügler und Nachtfalter nutzen das Weidenröschen, das als wertvolle Honigpflanze gilt. Es gehört zur Familie der Nachtkerzengewächse. Als Schauapparat zur Anlockung der Bestäuber dienen die vier rötlichen Kronblätter und die gleichfarbigen Kelchblätter, von denen das untere zudem vergrößert ist. Die Attraktivität der Blüten verlieh der Pflanze den volkstümlichen Namen des „Waldröschens“. Das Schmalblättrige Weidenröschen war die erste Pflanze, an der im vorletzten Jahrhundert die Fremdbestäubung durch Insekten entdeckt wurde.

Die Blüten des Weidenröschens stehen in Achseln von Tragblättern und bilden eine endständige Traube. Diese blüht von unten nach oben auf. Die Pflanze besitzt lange, schotenähnliche Kapselfrüchte, die sich mit vier nach außen biegenden Klappen öffnen. Ihre Blätter sind ungeteilt, lang, schmal und dunkel. Sie erinnern so an die Blätter bestimmter Weidenarten, wovon sich auch der deutsche Name ableitet. Weidenröschenpflanzen zeigen eine ausgeprägte vegetative Vermehrung durch Knospen oder Sprosse am Wurzelhals. Jedoch ist auch die Samenbildungsrate sehr hoch. So produziert eine Pflanze bis zu 200 Samen, die aufgrund eines Haarschopfes eine erstaunliche Flugfähigkeit besitzen. Als Lichtkeimer benötigen sie vegetationsfreie Stellen. Aus diesem Grund besiedelt das Weidenröschen rasch kahle Flächen. Mitunter gedeiht es sogar auf Feuerstellen, daher stammt wohl auch der im Erzgebirge verbreitete Volksname „Feuerkraut“. Unter ungünstigen Umweltbedingungen können die Samen lange im Boden überdauern.

Die hohen Bestände des Weidenröschens schützen Forstpflanzen gegen Sonne und Frost und zeigen Nährstoffreichtum des Bodens (vor allem Stickstoff) an. Unter günstigen Wuchsbedingungen erreichen die Weidenröschenpflanzen Größen von erheblich über einem Meter. Die Pflanze bildet im Erzgebirge vielfach dichte Bestände an Waldrändern, felsigen Berghängen, auf Waldschlägen, zwischen Gebüschen oder gar an Bahndämmen. Der kriechende Wurzelstock der mehrjährigen Stauden erzeugt fortwährend neue Sprosse. Das Weidenröschen wird zum Teil auch als Zierpflanze angebaut, da es für die Pflanzung in Wildgärten sehr gut geeignet ist. Es verwildert aber leicht. Weidenröschen sind von der Ebene bis in die alpine Stufe Europas, Asiens und Nordamerikas heimisch.

Bei Weidevieh, von welchem das Weidenröschen gern gefressen wird, soll es die Milchleistung steigern. Früher glaubte man zudem, dass der Aufguss der Wurzel wilde Tiere zahm machen könne. Die Samenhaare wurden früher der Wolle beigemischt, zur Herstellung von Lampendochten verwendet oder als Polstermaterial genutzt. Ziervögel fressen die noch geschlossenen Schoten mit Vorliebe.

Zu pharmazeutischen Zwecken werden verschiedene Weidenröschenarten genutzt, vor allem das kleinblütige Weidenröschen *(Epilobium parviflorum)*. Man sammelt die oberirdischen Teile oder die Wurzeln in den Monaten Juni bis September. Weidenröschen enthalten vor allem Gerbstoffe, Schleim, Pektin und ätherisches Öl, Flavonoide sowie Sterole, das heißt Verbindungen, die in tierischen Organismen weit verbreitet sind und vielfältige Funktionen übernehmen. Weidenröschen sollen aufgrund ihrer Inhaltsstoffe eine entzündungshemmende Wirkung besitzen. Getrocknete Weidenröschenwurzeln wurden in Notzeiten zu Mehl vermahlen oder für die Herstellung von Kaffeeersatz geröstet, die Blätter sogar als Salat gegessen oder ähnlich wie Kohl zubereitet. Zur Verfälschung gelangt das Weidenröschen auch in den schwarzen Tee. Als Heiltee kam das Kraut bei Kopfschmerzen, Migräne, Schlafstörungen und Frühjahrsmüdigkeit zum Einsatz. Außerdem soll es einen lindernden Einfluss bei leichten Prostatabeschwerden besitzen. Die Pflanze wird im Wesentlichen nur noch in der Volksmedizin eingesetzt. Es gelang bisher nicht, ihre Wirksamkeit wissenschaftlich zu belegen.

Schmalblättriges Weidenröschen

Lebender Stacheldraht produziert einen Mehlersatz.

Weißdornsträucher bieten einen sicheren Brutraum. Der Tee aus den Blüten des Strauches steigert die Gedächtnisleistung.

Wenige Wochen nachdem die Bäume im Frühjahr ihre Blätter aus den Knospen treiben, befinden sich auf sommerwarmen Böden in Hecken, an Wegen und Feldrainen sowie an Waldrändern einzelne Sträucher in voller Blüte, von denen ein starker Duft ausströmt. Dieser lockt Aasfliegen, Hummeln, Wespen und Bienen in großer Zahl an. Die willkommene Nektarquelle ist der Weißdorn, der im Erzgebirge unter anderem mit zwei häufigen Arten, dem Eingriffligen *(Crataegus monogyna)* und dem Zweigriffligen Weißdorn *(Crataegus laevigata)* vorkommt. Er gehört zur

Familie der Rosengewächse. Der deutsche Name leitet sich von der Blütenpracht des Baumes, gleichzeitig aber auch von seiner Wehrhaftigkeit ab. Die europäischen Weißdornarten bastardisieren stark untereinander, so dass sie meist nur schwer zu unterscheiden sind. Als ihre ursprünglichen Herkunftsgebiete gelten Europa, das östliche Mittelmeergebiet sowie die Balkanhalbinsel.

Zu unterscheiden sind die zwei genannten erzgebirgischen Arten nur in der Anzahl der weiblichen Blütenteile (der Griffel). Beide Arten weisen einen sperrigen Wuchs auf und werden selten größer als zehn Meter. Sie besitzen gelappte und am Rand gesägte Blätter, die wechselständig (d. h. versetzt) an den dornigen Zweigen stehen. Die weißen Blüten vereinigen sich zu Trugdolden und bestehen aus fünf Kron- und Kelchblättern. Sie öffnen sich im Erzgebirge meist in den Monaten April bis Mai. Der zweigrifflige Weißdorn blüht ungefähr zwei Wochen später als seine Schwesterart. Aus den Blüten entwickeln sich ein- oder zwei- bis dreikernige beerenartige Apfelfrüchte (je nach Anzahl der Griffel), die sich bis zum Herbst tiefrot verfärben und von mehliger Konsistenz sind. Früher wurden sie vielfach in der Schweinemast eingesetzt. Aus den Weißdornfrüchten wird auch eine Konfitüre hergestellt und in Notzeiten trockneten sie die Erzgebirger und vermahlten sie anschließend zu Mehl.

Der Mensch nutzt die Pflanze schon seit mehreren hundert Jahren. Heilanwendungen der Früchte sind seit dem Mittelalter bekannt, die Wirkung der Blüten wurde jedoch erst im vorigen Jahrhundert entdeckt. Gesammelt werden sie mit den Blättern während ihres Erblühens, um sie an einem schattigen Platz zu trocknen. Die roten „Mehlfässchen" erntet man in voller Reife. Zahlreiche Volksnamen zeugen von der einstmals großen Bedeutung des Baumes: „Mehlbeere", „Müllerbrot", „Heckendorn", „Hageapfel", „Christdorn". Wissenschaftlich wurden im Weißdorn vor allem Pflanzensäuren, Flavonoide und Anthocyanidine nachgewiesen. Letztere werden hauptsächlich für die herzstärkende Wirkung der Pflanzendroge verantwortlich gemacht. Sie basiert auf einer verbesserten Durchblutung und Stoffwechselversorgung der Herzmuskulatur. Weiterhin soll die Anwendung eines Teeaufgusses aus Weißdornblüten einen günstigen Einfluss auf die Merk- und Konzentrationsfähigkeit vor allem älterer Menschen ausüben und durch seine arteriell blutdruckregulierenden Eigenschaften Schlafstörungen beseitigen. Bei regelmäßiger Anwendung des Weißdorns wird ein allgemeines Wohlbefinden sowie eine Erhöhung der Leistungsfähigkeit erwartet. Jedoch bestätigen Untersuchungen der Schulmedizin diese Wirkung nicht eindeutig. Weißdorntee sollte nicht zur Selbstbehandlung von Herzerkrankungen, bei Gallensteinleiden sowie in der Schwangerschaft, während der Stillzeit und bei Kindern eingesetzt werden. Die Zugabe von Honig verstärkt – wie grundsätzlich bei allen Kräutertees – die Wirkung eines Weißdornblütentees. Der pharmazeutische Handel bietet zudem zahlreiche Weißdornpräparate an. Die Droge dafür stammt meist aus ost- und südosteuropäischen Ländern. Junge Weißdornblätter verleihen Teemischungen eine goldgelbe Färbung, weshalb sie als Teezusatz benutzt werden. Zuweilen ersetzten Weißdornblätter auch den Tabak.

Der Weißdorn, er steigt bis in Höhen von über 1600 Metern über dem Meeresspiegel, ist die häufigste Naturheckenpflanze in Mitteleuropa. Der Strauch kann ein Alter von bis zu 500 Jahren erreichen. Auch heute noch wird er in Siedlungen als Hecke angepflanzt, da er Schnitt relativ gut toleriert. Hierbei gelangt auch der sogenannte Rotdorn, eine rote Farbmutante, zur Pflanzung. Der zu den anspruchslosesten Gehölzen zählende Weißdorn bevorzugt vollsonnige bis halbschattige Standorte, die keine Staunässe zulassen. Das Holz des Strauches wurde früher seiner Härte wegen zu Spielzeug, Spazierstöcken, Werkzeugstielen und ähnlichem verarbeitet. Weißdorn-Sträucher besitzen eine stark verzweigte und tiefgehende Wurzel, die eng mit Pilzen assoziiert ist. Sie vermehren sich durch Wurzelausläufer ausgesprochen gut. Früher dienten im Erzgebirge Weißdornpflanzen deshalb als „lebender Stacheldraht“, den kein Mensch und Tier zu durchdringen vermochte. Vögel nutzen die inneren Kronenschichten als sicheren Brutplatz und fressen im Herbst die vitaminreichen Früchte. Weißdornbäume werden deshalb als Vogelschutzgehölze gepflanzt. Berühmt ist beispielsweise das Verhalten des Neuntöters, eines sperlingsgroßen Vogels, welcher seine Beute auf den Dornen des Strauches und anderer Arten aufspießt, um sie so für einige Zeit aufzubewahren.

Weißdorn

Zahnbürstel gilt als Charakterpflanze der Bergwiesen.

Der Wiesenknöterich verträgt Überschwemmungen ausgezeichnet. Die Pflanze ersetzte in früheren Tagen den Spinat.

Der Wiesenknöterich *(Polygonum bistorta)* ist als die Charakterpflanze feuchter Bergwiesen im Erzgebirge bekannt. Er gilt besonders im oberen Bergland als verbreitet. Ebenso häufig wie auf waldfreien Flächen tritt das Kraut im erzgebirgischen Naturraum auch an Bachufern und in

Auwäldern auf. Es erweist sich als sehr ausbreitungsfreudig. Vor allem Überschwemmungen im Frühjahr fördern das Wachstum der ausdauernden Pflanze. Die Art bevorzugt als Tiefwurzler sickerfeuchten, nährstoff- und vor allem stickstoffreichen, anmoorig-humosen Lehm- oder Tonboden. Sie ist in den gemäßigten Breiten Europas, Eurasiens (bis nach Sibirien) und in Alaska heimisch. Vielerorts lässt sich jedoch ein bedenklicher Rückgang des Wiesenknöterichs in Verbindung mit dem Verschwinden der Bergwiesen durch Entwässerung und Überdüngung nachweisen. Dies trifft insbesondere auch für das Erzgebirge zu.

Der Wiesenknöterich besitzt, wie es der deutsche Name „Schlangenknöterich" andeutet, eine schlangenartig gewundene, mit lanzettlichen Blattresten bedeckte Grundachse. Knöterich heißt die Pflanze, weil der gesamte Vegetationskörper eine auffällig knotig gegliederte Struktur aufweist. Im Frühjahr entspringen der unterirdischen Grundachse bis 15 Zentimeter lang gestielte unbehaarte Blätter. Bald darauf folgen die dichtblütigen, walzlichen Scheinähren mit rosafarbenen Einzelblüten. Sie erblühen von Mai bis August und öffnen sich nacheinander von unten nach oben. Die auffälligen Blütenstände locken zahlreichen Insektenbesuch an, weshalb der Wiesenknöterich als Nektarweide für Bienen geschätzt wird. Nach erfolgter Bestäubung bilden sich dreikantige Früchtchen, die durch den Wind ausgestreut werden. Aufgrund seiner charakteristischen Blütenstandsform erhielt der Wiesenknöterich mancherorts auch die Namen „Zahnbürstel" oder „Lampenputzer". Im Erzgebirge ist er aufgrund seiner Blattform auch als „Otternzunge" bekannt, weitere Namen lauten „Natternkraut" oder „Drachenwurz".

Der Wiesenknöterich gehört zur Familie der Knöterichgewächse, zu welcher auch einige Kulturpflanzen wie der Buchweizen oder der Rhabarber zählen. Er wird in der Landwirtschaft als Grünfutterpflanze genutzt. Nach dem ersten Schnitt treiben die Blütenstengel erneut aus. Aufgrund des hohen Kieselsäuregehaltes meiden aber die meisten Weidetiere den Wiesenknöterich in frischem Zustand. Als Heu eignet sich die Pflanze ebenfalls nur wenig, da die unteren Blätter rasch verdorren und zerfallen. In der Tierheilkunde kam früher das Kraut zur Behandlung von Kropferkrankungen bei Pferden zum Einsatz.

Auch der Mensch nutzte früher den Wiesenknöterich heilkundlich. Das Kraut wurde nach dem Verblühen gesammelt. Die Pflanze enthält vor allem Gerbstoffe sowie Stärke im Rhizom. Letzteres wurde gegen Durchfall und bei Wurmbefall eingesetzt, wozu man es zerkleinerte und zudem bei bis zu 60°C trocknete. Die oberirdischen Teile der Pflanze sollen blutstillend als auch reizmildernd wirken und gelangten aus diesem Grund als Umschläge auf Wunden. In Notzeiten ersetzten die Blätter als Wildgemüse zuweilen sogar den Spinat, während der geriebene Wurzelstock den Menschen im Erzgebirge bei Nahrungsmangel einen Mehlersatz lieferte.

Eine der ältesten Pflanzen des erzgebirgischen Drogenschatzes stellt der nahe verwandte Vogelknöterich *(Polygonum aviculare)* dar, welcher vor allem im Spätsommer auf Wegen und Schuttflächen zu finden ist. Zahlreiche Wildvögel ernähren sich von den Samen dieses Knöterichs. In allen Gebieten der Erde mit gemäßigtem Klima tritt die einjährige Pflanze auf. Sie besitzt bis zu 50 Zentimeter lange, niederliegende Stengel, die aus dem gedrungenen Wurzelstock mit kurzen Erdwurzeln entspringen. Die Blüten sind unscheinbar. Vogelknöterich, von Kühen gefressen, soll deren Milch blau verfärben. Zudem wurde er früher als Heilkraut bei Schweinekrankheiten eingesetzt. In der menschlichen Heilkunde sei das Wirkungsspektrum ähnlich dem des Wiesenknöterichs, schließt aber zusätzlich noch die Linderung von Atemwegserkrankungen ein. Das Kraut wurde früher vom Spätsommer bis Frühherbst gesammelt, jedoch ist seine Verwendung heute nicht mehr gebräuchlich. Vogelknöterich wird nur noch als Zusatzmittel einer Arzneimittelmischung eingesetzt. Insbesondere während der Schwangerschaft und Stillzeit rät man von dem Gebrauch der Knötericharten ab, denn die Unbedenklichkeit der Pflanzen ist nicht erwiesen.

Wiesenknöterich

Vitaminreiche Blütenteppiche bekämpfen Frühjahrsmüdigkeit.

Das Wiesenschaumkraut bietet Schaumzikaden Nahrung.
Senföle im Kraut fördern die Durchblutung der Haut.

Im Frühling, wenn die Zugvögel in ihre Brutquartiere zurückkehren, überzieht der weiße bis violettfarbene Blütenteppich des Wiesenschaumkrautes *(Cardamine pratensis)* feuchte Grasländer und wasserführende Stellen in den Wäldern des Erzgebirges. Das zeitliche Zusammenfallen beider Phänomene verlieh der nicht seltenen Pflanze Namen wie „Storchen-" oder „Kuckucksblume". Sie blüht nur wenige Tage, bestimmt dann aber den Aspekt ihrer Standorte. Dabei bevorzugt das

Wiesenschaumkraut als Nährstoffzeiger stickstoffreichen und humosen Lehmboden. Sehr häufig findet man es auf feuchten Waldwiesen, aber auch Auwälder, Flachmoore und die Ufer der Flüsse gelten als Habitate der Pflanze. Dabei toleriert sie sogar einen Wasserstand bis in die Nähe der Bodenoberfläche. Noch in Höhen von mehr als 1500 Metern über dem Meeresspiegel trifft man das Wiesenschaumkraut an. Weitere Namen der Pflanze lauten „Regenblume“, „Käseblume“, „Wasserblume“ oder „Kälberschwanz“. *Cardamine* stammt dem griechischen Wort *kardamon* für Kresse ab.

Das massenhafte Auftreten von Wiesenschaumkrautpflanzen im Frühjahr wird durch die Produktion hoher Samenmengen gewährleistet sowie durch die Fähigkeit der Pflanze, auf vegetativem Wege zahlreiche Brutknospen zu bilden. Sie lösen sich von der Mutterpflanze und können zum Teil verschwemmt werden. Selbst verletzte Blätter sind in der Lage, vollständige Pflanzen zu regenerieren. Durch einen Zelldruckmechanismus der Schotenfruchtwand erfahren die Samen ihre Ausbreitung und werden explosionsartig über zwei Meter weit abgeschleudert. Sie sind Lichtkeimer. Das ausdauernde Wiesenschaumkraut gilt als holarktische Art, die zwischen dem 50. und 70. Breitengrad heimisch ist. Es erreicht Wuchshöhen von 20 bis 30 Zentimetern.

Schon ab Februar sind die Grundblätter des Wiesenschaumkrautes auf feuchtem Offenland zu entdecken, oft sogar zeigen sie sich wintergrün. Die Blattrosetten an dem kurzen Wurzelstock besitzen eine auffällig dunkelgrüne Färbung und sind rundlich gefiedert, wobei die Endfieder größer als die Seitenfiedern ausfällt. An den Laubblättern befinden sich wasserabscheidende Hydathodenspitzen. Der hohle, kahle Stengel, welcher den sieben- bis 20-blütigen traubig-doldigen Blütenstand trägt, entspringt zentral aus der Rosette. Im Erzgebirge öffnen sich die Blüten zwischen April und Juni. Vier lange und zwei kurze Staubblätter charakterisieren die Pflanze als zur Familie der Kreuzblütengewächse gehörig. In Vertiefungen seitlich des Kelches sammelt sich reichlich Nektar an, der Insekten als Nahrung dient.

Auch der Mensch nutzt das Kraut. In früherer Zeit schätzte man im Erzgebirge das Wiesenschaumkraut als antiskorbutische Pflanze, besonders nachdem alljährlich im Frühling die vitaminreichen Nahrungsmittel knapp geworden waren. Ein aus den Blüten destilliertes Öl wurde gegen Krämpfe bei Kindern, Krampfasthma und Epilepsie eingesetzt. Zudem schreibt man dem Wiesenschaumkraut eine schleimlösende Wirkung zu. Heute bildet das Kraut, zur Blütezeit gesammelt, wegen seines scharfen kresseartigen und leicht bitteren Geschmacks eine würzige Zutat für Gemüsegerichte und Salate. Auch Frischkäse, Quark und kalten Soßen wird Wiesenschaumkraut, fein gehackt, zugesetzt. Die getrockneten Blätter gelangten früher zuweilen in geriebelter Form sogar als Pfefferersatz in die Küche. Neben hohen Mengen Vitamin C enthält die Pflanze die Vitamine A und B sowie Senföle und Bitterstoffe. Letzteren wird eine antibakterielle, harntreibende und durchblutungsfördernde Wirkung auf die Haut zugeschrieben. Umschläge der zerquetschten Blätter kommen daher bei Gelenk- und Rückenschmerzen zur Anwendung. Aufgrund der enthaltenen Vitamine wird das Wiesenschaumkraut aber vor allem bei Mattheit, Müdigkeit und Grippeschwächung eingesetzt. Damit zeigt die Pflanze eine ähnliche Wirkung wie die verwandte Brunnenkresse, die ebenfalls die Abwehrkräfte stärken soll. Zu kosmetischen Zwecken – die Inhaltsstoffe regulieren die Talgdrüsen der Haut – wird Wiesenschaumkraut in Nordamerika sogar angebaut.

Nicht selten befinden sich an den Stengeln des Wiesenschaumkrautes schaumige Absonderungen, welche der Volksmund als Kuckucksspeichel bezeichnet. Von dieser Erscheinung leitet sich wohl auch der deutsche Name des Krautes ab. Erzeugt wird der Schaum durch die Larve der Schaumzikade, die an den Pflanzenstengeln saugt. Durch Wachsbeimengung und unter Einsatz der Atemluft erzeugt das Insekt einen aufgeschäumten Pflanzensaft, um sich vor Fraßfeinden zu tarnen. Die Blüten des Wiesenschaumkrautes werden meist von Schwebfliegen bestäubt. Dem weißen Aurorafalter mit dem orangefarbenen Flügelfleck dient die Pflanze als ausschließliche Lebensgrundlage, weil dessen kleine Raupe nur vom Wiesenschaumkraut lebt. Da viele erzgebirgische Wiesen in der Vergangenheit entwässert, trockengelegt und in Wirtschaftsgrünland umgewandelt wurden, werden auch die eindrucksvollen Massenbestände des Wiesenschaumkrautes, wie sie vor Jahrzehnten noch auftraten, zunehmend seltener.

Wiesenschaumkraut

Anspruchsloser Baum blickt auf lange Zuchtgeschichte zurück.

Wildapfelbäume sind Lebensräume unzähliger Tierarten.
Der Saft des Obstlieferanten gilt als schlaffördernd.

An alten Wirtschaftswegen und auf den selten gewordenen Streuobstwiesen des Erzgebirges finden sich neben verschiedenen anderen Obstarten häufig auch Apfelbäume. Diese Lebensräume verdienen aufgrund ihrer Vielfalt an seltenen und gefährdeten Tier- und Pflanzenarten Schutz. Traditionelle Hochstammsorten des Apfels erreichen hier ein beachtliches Alter sowie eine Wuchshöhe von bis zu zehn Metern. Heute werden Apfelbäume in unzähligen Kultursorten (über 20.000), die sich in Reifezeit, Form oder Farbe der Frucht, Beschaffenheit der Schale, Geruch oder Geschmack unterscheiden, vorwiegend als Spalier-, Busch- oder Zwergform angebaut. Sie gelten als nicht samenbeständig und müssen demzufolge durch Pfropfen vermehrt werden.

Zuweilen findet man im Erzgebirge den Kulturapfel *(Malus domestica)* verwildert in Hecken und Gebüschsäumen. Sein Ursprung geht auf Kreuzungsprodukte südwestasiatischer Wildarten zurück. Eine verwandte heimische Art, der seltene Wild- oder Holzapfel, trug nicht zur Inkulturnahme bei. Heute gehört der Wildapfel *(Pyrus malus)* zu den im Erzgebirge vom Aussterben bedrohten Pflanzenarten. Früher fand sein Holz in der Tischlerei, Drechslerei und im Maschinenbau Verwendung. Der Baum besitzt kleinere, herbere Früchte als die Kultursorten. Eine Sammlung von Apfelfrüchten zu Nahrungszwecken wird schon für die Neusteinzeit angenommen. Zum Anbau gelangte der Kulturapfel vor allem im Altertum, aus der römischen Kaiserzeit sind schon 29 Sorten überliefert. Sowohl in der keltischen, griechischen als auch in der christlichen Kultur schrieb man dem Apfel weitgehende symbolische Bedeutung zu. Im Mittelalter galt der „Reichsapfel" als Sinnbild für die Weltherrschaft. Auch in vielen Märchen, zum Beispiel der „Frau Holle" der Gebrüder Grimm, kommen Apfelbäume vor.

Der (Holz)Apfelbaum gehört wie das gesamte heimische Steinobst zur Familie der Rosengewächse. So besitzt er relativ große, duftende Blüten mit weißen bis rötlichen Blütenblättern. Die wechselständigen Laubblätter des Baumes sind ungeteilt und weisen einen gesägt-gekerbten Blattrand auf. Erst im Mai nach dem Laubaustrieb entspringen die Blüten in wenigblütigen Doldentrauben an den dornigen Zweigen. Der allgemein anspruchslose Apfel besiedelt bevorzugt nicht zu nährstoffarmen, wasserdurchlässigen Boden mit guter Feuchtigkeitsversorgung. Er erreicht bei hoher Luftfeuchtigkeit in sonnigen Lagen eine Wuchshöhe von maximal acht Metern und gilt als Halbschattenbaumart. Der Wildapfelbaum ist in lichten Wäldern sowie Hecken, Feldgehölzen und Gebüschen zu finden. Er wird in dichten natürlichen Beständen von raschwüchsigen Baumarten leicht verdrängt, vermehrt sich jedoch über zahlreiche Wurzelsprosse. Von der Ebene bis in die Gebirge (bis 1500 Meter über dem Meeresspiegel) kommen die Bäume vor.

Apfelbäume gelten als die wichtigsten Obstlieferanten des gemäßigten Klimaraumes. Über 70 Prozent der weltweiten Obsternte entfällt auf Äpfel. Die Früchte sind reich an Pektin und Zucker (bis zu 13%), Fruchtsäuren sowie Gerb- und Mineralstoffen. Zudem liefern die Apfelfrüchte die Vitamine A, B und C. Das Fruchtfleisch des Apfels – aus botanischer Sicht entspricht es dem Achsenbechergewebe der Blüte – wird frisch verwendet oder zur Saftgewinnung genutzt. Ein Most entsteht durch Vergärung der Äpfel. Den Inhaltsstoffen der Apfelfrucht wird eine verdauungsregulierende Wirkung zugeschrieben. Auch sollen sie durch eine Förderung der Blutgerinnung innerlich und äußerlich einen blutstillenden, aber auch schlaffördernden Effekt besitzen. Apfelschalen finden sich allein oder gemeinsam mit Hagebutten in traditionellen erzgebirgischen Haustees. Auch eine wohlriechende Salbe wird aus ihnen hergestellt. Der hohe Pektingehalt der Äpfel ist Grundlage ihrer Verwendung als Gelierhilfe. Schließlich reinigt der Genuss eines Apfels (er enthält jedoch Zucker!) wie ein natürliches Putzmittel die Zähne.

Zahlreiche Organismen zeigen eine hohe Bindung an Apfelbäume. So bildet ein Wurzelpilz Mykorrhiza mit dem Baum aus. Als Schwächeparasiten besiedeln häufig der Zunderschwamm sowie der Hallimasch das Holz des Baumes. Verschiedene Insektenarten, zum Beispiel der Apfelwickler (ein Schmetterling) oder der zu den Rüsselkäfern gehörende Apfelblütenstecher (seine Larven sind die bekannten Apfelmaden), leben von den Bäumen. Apfelblüten erhalten aufgrund der Produktion eines zuckerreichen Nektars besonders reichen Insektenbesuch, vor allem durch Bienen. Die dabei geleistete Fremdbestäubung ist meist zur Fruchtbildung nötig. Die Samen der Äpfel gelangen über den Verdauungsweg verschiedener Tiere oder Bearbeitungsverbreitung durch Nager in neue Lebensräume. Erst nach Abbau der unter der Samenschale befindlichen Hemmstoffe keimen sie zu einem neuen Apfelpflänzchen aus. Dieses wird in ausgewachsenem Zustand neben Fledermäusen und Vögeln auch wieder zahlreichen Kleinsäugern Lebensraum bieten.

Wildapfel

Glossar

Abszess	Eitergeschwür, Ansammlung von Eiter in einem durch Gewebeauflösung entstandenen Hohlraum.
Acetylcholin	Stoff, der an bestimmten Nervenendungen im menschlichen Organismus freigesetzt wird und Überträgerfunktion ausübt.
Achäne	Fruchtform, die aus einem unterständigen Fruchtknoten entsteht und bei der die Fruchtwand und die Samenschale miteinander verwachsen sind. Typisch für die Familie der Korbblütler.
Achsenbecher	Durch eine verdickte Sprossachse gebildeter Teil einer Frucht.
adstringierend	Zusammenziehend. Adstringierende Substanzen bilden mit den Zellen und Zellsekreten eine unlösliche Verbindung.
Adventivsprosse	Nicht an Sprossspitzen oder in Blattachseln, sondern an anderen Stellen der Achse, an Blättern oder Wurzeln gebildete Sprosse. Sie entstehen entweder spontan oder nach Verletzung der Pflanze.
Ährchen	In sich geschlossener, aus ein bis mehreren Einzelblüten bestehender Teilblütenstand bei Süßgräsern und Sauergräsern.
Ähre	Traubiger Blütenstand mit gestreckter Hauptachse, an der ungestielte Einzelblüten bzw. Ährchen (bei den Süßgräsern) sitzen.
alkalisch	Gleichbedeutend mit basisch. Reaktion wässriger Lösungen mit einem pH-Wert von über 7. Das Gegenteil ist sauer.
Alkaloide	Basische Pflanzenstoffe, in denen Stickstoff meist in ringförmiger Bindung vorliegt.
alpine Stufe	Hochgebirgsstufe.
anorganisch	Nicht organisch.
Anthocyan/ Anthocyanidin	Im Zellsaft gelöster Farbstoff, dessen Farbcharakter unter anderem vom pH-Wert des Zellsaftes abhängt.
Anthrachinone	Meist farbige aromatische Pflanzenstoffe, die zum Teil auch industriell verwendet werden.
antibakteriell	Das Wachstum von Bakterien hemmend bzw. diese abtötend.
antiseptisch	Fäulnishindernd, Krankheitserreger tötend.
Apomixie/ apomiktisch	Fortpflanzung, die scheinbar der sexuellen entspricht, tatsächlich aber ohne Befruchtung vor sich geht.
Archaeophyt	Eingewanderte Pflanze, die schon seit weit zurückliegender Zeit, oft in prähistorischer Epoche, in der heimischen Flora eingebürgert ist.

Aromatikum Würzmittel, anregend auf die Auslösung von Speichel- und Magensaftsekretion.

Art Wichtigste systematische Kategorie der Botanik. Grundeinheit des pflanzlichen Systems, von der alle weiteren Rangstufen abgeleitet werden. In einer Art werden alle Individuen einschließlich ihrer Vorfahren und Nachkommen zusammengefasst, die in ihren wesentlichen Merkmalen übereinstimmen und sich fruchtbar miteinander kreuzen.

Aspekt Jahreszeitliches Aussehen eines Pflanzenbestandes.

ätherische Öle Stark riechende, leicht flüchtige, ölartige Stoffe verschiedener chemischer Zusammensetzung.

ausdauernd Die Pflanze blüht und fruchtet mehrere oder viele Jahre hindurch.

Ausläufer Ober- oder unterirdische, mit stark verlängerten Internodien und reduzierten Blättern versehene, horizontal wachsende Seitenachsen von Pflanzen, die sich meist in einiger Entfernung von der Mutterpflanze bewurzeln und durch Absterben des dazwischenliegenden Stückes neue Individuen bilden.

Auwald Pflanzengesellschaft der Flussniederungen, die starken Schwankungen des Bodenwasserhaushaltes (Überschwemmungen) ausgesetzt ist.

basisch/Basen Stoffe, die alkalisch reagieren.

bastardisieren Erzeugung neuer Individuen durch die geschlechtliche Vereinigung zweier in ihren erblichen Eigenschaften verschiedener Eltern, zum Beispiel verschiedener Arten.

Baumgrenze Grenze, jenseits der keine Pflanze mehr vorkommt, die normalerweise als Baum wächst.

Bernstein Fossiles Harz.

biogene Amide Organische Säure-Verbindungen, die eine stickstoffhaltige Gruppe besitzen.

Biotop Lebensraum bzw. Standort mit bestimmten Bedingungen für die Existenz und das Gedeihen von Organismen.

Bitterstoffe Schutzmittel der Pflanze gegen Tierfraß.

Blütenboden Oberster Teil der Blütenachse, an dem die Blütenblätter stehen.

Blütenstand Der Blütenbildung dienendes und entsprechend gestaltetes Sprosssystem der Samenpflanzen, das sich vom vegetativen Bereich mehr oder weniger deutlich absetzt.

Bronchialkatarrh/ Bronchitis Entzündung der Atemwegsschleimhaut, ausgelöst durch verschiedene äußere Reize.

Bruchwald — Waldpflanzengesellschaft, die durch ein hohes Maß an Bodennässe und Versumpfung bedingt ist.

Brutknospen — Zwiebel- oder knollenartige, mit Reservestoffen gefüllte Knospen, die sich von der Mutterpflanze loslösen, bewurzeln und zu neuen Individuen heranwachsen.

Calciumoxalat — Calciumsalz der Bernsteinsäure.

Carotine — Pflanzenfarbstoffe, ungesättigte Kohlenwasserstoffe, einige sind Vorstufen für Vitamin A.

Charakterart — Art, die fast stets oder ausschließlich an eine bestimmte Lebensstätte oder eine bestimmte Pflanzengemeinschaft gebunden ist.

Chlorogensäure — Pflanzliche Säure, die beispielsweise in großen Mengen im Kaffee vorkommt.

Chlorophyll — Wasserunlösliche organische Verbindung, die katalysierend bei der Photosynthese wirkt. Auch als Blattgrün bezeichnet.

Cholin — Salz einer Ammoniumbase.

Cumarin — Aromatischer Pflanzeninhaltsstoff.

Dolde/doldig — Blütenstand mit verkürzter Hauptachse, an welcher die etwa von einem Punkt ausgehenden, mehr oder weniger gleich lang gestielten Einzelblüten stehen.

Droge — Jedes aus pflanzlichem und tierischem Material hergestellte Arzneimittel, das eine Vielzahl von Stoffen enthalten kann.

einhäusig — Männliche und weibliche Blüten, also Blüten die entweder nur Staubblätter oder nur Fruchtblätter enthalten, befinden sich auf ein und derselben Pflanze.

ektotrophe Mykorrhiza — Symbiose zwischen Pilzen und den Wurzeln der Landpflanzen, bei der die Pilzzellfäden zwischen den Zellen der Wurzelrinde wachsen.

Ekzem — Nicht ansteckende Entzündungsreaktion der Haut mit Juckreiz.

Elaiosom — Besonderes öl-, fett- und eiweißreiche Gewebeanhängsel an bestimmten Stellen der Samen und Früchte. Es wird von Ameisen aufgesucht, die dabei die Samen verschleppen.

Enzym — Organischer Wirkstoff, der im Stoffwechsel als Biokatalysator fungiert. Er kann Reaktionen auslösen oder als Reaktionsbeschleuniger dienen. Dabei geht das Enzym unverändert wieder aus der Reaktion hervor.

Erneuerungsspross — Spross ausdauernder Pflanzen, deren Knospen im Vorjahr gebildet wurden und im folgenden Frühjahr austreiben. Sie dienen der Verjüngung des Sprosssystems.

Erosion — Abschleifende Tätigkeit von Wasser, Eis und Wind, die zu Veränderung der landschaftlichen Oberflächenformen führt.

Ersatzgesellschaft Pflanzengesellschaft, die eine andere an deren Standort zu ersetzen vermag.

Evolution Entwicklung, meist als Bezeichnung für die Entfaltung des Lebens auf der Erde gebraucht.

Extrakt Pflanzenauszug, dessen stoffliche Zusammensetzung von der Art des Lösungsmittels abhängt.

Familie Systematische Kategorie des pflanzlichen Systems (Rangstufe) oberhalb der Gattung.

Färbersumach Namen für den Perückenstrauch, dessen Holz zum Färben von Seide und Wolle benutzt wurde (braun-orange).

Farbmutante Durch plötzliche Veränderung des Genmaterials in ihrer (Blüten)Färbung abgewandelte Form.

Ferment Gleichbedeutend mit Enzym.

Fettsäure Kettenförmige Kohlenstoffsäuren.

Fettwiese Wiese hoher Produktivität, die zwei- bis dreimal jährlich gemäht werden kann.

Fiederblatt Einzelblättchen eines gefiederten Blattes.

fiederschnittig Gefiedert.

Flavonglykoside In der Pflanzenwelt verbreitete, farblose oder gelbliche Zuckerverbindungen.

Flavonoide Einem Flavonglykosid ähnliche Stoffe.

Fremdbestäubung Die Bestäubung einer Blüte mit dem Blütenstaub einer anderen Blüte.

Frischezeiger Pflanzenart, die mäßig feuchte, nährstoffreiche Böden anzeigt.

Fruchtbecher Eine den oder die Fruchtknoten umgebende ringförmige bzw. vierteilig angelegte, mit Schuppen oder Stacheln versehene Achsenwucherung.

Fruchtblatt Blattorgan der Pflanze, welches die Samenanlagen erzeugt.

Fruchtknoten Der durch die Fruchtblätter gebildete, geschlossene Hohlraum, in dem die Samenanlagen eingeschlossen sind.

Fruchtsäuren Saure Inhaltsstoffe der Frucht.

Furunkel Akute eitrige Entzündung eines Haarbläschens und seiner Talgdrüse.

Gallen Meist durch Stich und Eiablage von Gallwespen oder Milben oder durch parasitische Pilze hervorgerufene Bildungsabweichungen an Pflanzen.

Gattung Systematische Kategorie oberhalb der Art. Jede Art gehört zu einer Gattung, eng verwandte Arten mit zahlreichen gemeinsamen Merkmalen werden in einer Gattung zusammengefasst.

gefiederte Blätter Zusammengesetzte Blätter, deren Teilblättchen beiderseits der Mittelrippe stehen.

gefingerte Blätter Zusammengesetzte Blätter, deren Teilblättchen strahlig am Ende des Blattstieles stehen.

gegenständig Blattstellung, bei der sich je zwei Blätter an einem Stengelknoten gegenüber stehen.

gemäßigte Breiten/gemäßigte Zone Klimazonen zwischen der heißen Tropenzone und den kalten Polargebieten.

Generation Gesamtheit der Individuen einer Art, die gleichzeitig leben und von der nächstälteren Generation abstammen.

Gerblohe Gemahlene gerbstoffhaltige Baumborke, die in der Lederherstellung als Gerbmittel eingesetzt wird.

Gerbstoffe Aromatische Pflanzenstoffe, die mit den Eiweißen der Haut und der Schleimhäute wenig quellbare Verbindungen bilden und so zusammenziehend und reizmildernd wirken. Sie werden zum Gerben von Tierhäuten benutzt.

gesägte Blätter Blätter, deren Blattrand spitze Zähne aufweist, die im spitzen Winkel zusammenstoßen.

Geschmacks-korrigens Zusatzstoff in Lebensmitteln, welcher zur Verbesserung der Geschmackseigenschaften dient.

Geschwür Substanzdefekt der Haut oder Schleimhaut.

Gewebekultur Laborkultur von Verbänden gleichartiger Zellen, die einen ähnlichen Aufbau und meist auch die gleiche Funktion haben.

Glykoside Verbindungen eines Zuckers (Glukose) mit einem nichtzuckerartigen Stoff.

Granne Borstenförmiger, meist trockener Fortsatz an den Spelzen der Gräser.

Griffel Verbindungsglied zwischen Narbe und Fruchtknoten.

Grundblätter/grundständige Blätter Blätter, die am Grunde des Stengels entspringen. Gehäuft stehende Grundblätter bilden eine Rosette.

Grundwasserlinie Linie des Wassers, das in örtlich verschiedener Tiefe unter der Erdoberfläche steht oder fließt.

Habitat Gesamtheit der ökologischen Umweltfaktoren einer Lebensgemeinschaft einschließlich der von ihr selbst bedingten.

Hackkultur Anbau von Kulturpflanzen, die aufgrund langsamer Jugendentwicklung und späten Bestandsschlusses sowie hohem Nährstoffbedarfs intensiver Hackpflege bedürfen.

Halbschattenpflanze Pflanze, die an meist relativ schattigen Standorten vorkommt und nur ausnahmsweise in vollem Licht gedeiht.

Halbtrockenrasen Trockenes, relativ nährstoffarmes Grasland, das wiesenähnliche dichte Bestände bildet.

Harz Gemisch aus Terpenen, Harzsäuren und ätherischen Ölen, das in besondere Behälter (Harzkanäle) ausgeschieden wird und dem Wundverschluss bei Holzpflanzen dient

Hautflügler Ordnung der Insekten, die im Entwicklungsverlauf eine vollkommene Verwandlung durchmachen und ausgewachsen vier glasartig durchscheinende Flügel besitzen.

Herbizide Substanzen, die Pflanzen zum Teil selektiv abtöten. Dies geschieht zumeist unter starken Wuchsveränderungen. Sie werden als moderne Pflanzenschutzmittel eingesetzt und sind in ihrer Unbedenklichkeit zum Teil stark umstritten.

Hochblätter Blätter, die zwischen den Laubblättern und den Blütenblättern einer Pflanze stehen. Sie sind meist einfacher und kleiner gestaltet als die Laubblätter.

Hochmoor Nährstoffarmer, feuchter Lebensraum, der nur durch Niederschläge mit Wasser und Nährstoffen versorgt wird.

Hochstaudenflur Eine aus hohen Stauden, zumeist Doldengewächsen, Kletten und Disteln bestehende Pflanzengesellschaft.

Holarktis/holarktisch Florenreich der Erde, das die gesamten gemäßigten und kalten Gürtel der nördlichen Hemisphäre mit immergrünen Wäldern, sommergrünen Laubwäldern, Nadelwäldern, Steppen, Heiden und Tundren umfasst.

Honigdrüse Pflanzendrüse, in der zuckerhaltiger Pflanzensaft abgesondert wird.

Humus Gesamtheit der dem mineralischen Boden beigemischten oder aufgelagerten toten, dunkel gefärbten, organischen Substanzen, sowohl pflanzlicher als auch tierischer Herkunft, die einem stetigen Abbau-, Umbau und Aufbauprozess unterworfen sind.

Hydathoden Wasserspalten, die zur tropfenförmigen Wasserausscheidung dienen.

Hypertonie Dauerhafte Erhöhung des Blutdrucks.

Internodien Zwischen zwei Knoten liegender Teil der Sprossachse (Stengelglied).

Inulin Aus Fruchtzucker aufgebauter Mehrfachzucker, der gelöst im Zellsaft verschiedener Pflanzen vorkommt.

invasive Pflanze In die heimische Flora eindringende Pflanze.

Kaffeesäure Säure, die in den Samen des Kaffees (Kaffeebohnen) vorhanden ist und deren Keimprozess verlangsamt.

Kapselfrüchte Aus mehreren verwachsenen Fruchtblättern entstehende trockenschalige Frucht, die sich auf verschiedene Weise öffnet und die Samen ausstreut.

Katarrh Entzündung der Schleimhäute, die mit einer Flüssigkeitsabsonderung einhergeht.

Kätzchen Ein meist hängender, ähriger Blütenstand, bei dem in der Achsel der Deckblätter entweder Einzelblüten oder dreiblütige Blütenstände stehen.

Keimzellen	Der sexuellen Fortpflanzung dienende Einzelzellen.
Kelch/Kelchblätter	Der äußere, meist grüne Kreis der doppelten Blütenhülle.
Kieselsäure	Chemische Verbindung, die sich von Silizium ableitet und beispielsweise auch für den Aufbau von Gestein von Bedeutung ist.
Kohlenhydrate	Kettenförmige Kohlenwasserstoffverbindungen.
Korkwarze	Öffnung im Oberflächengewebe holziger Pflanzen, das bei der Dickenzunahme älterer Pflanzenorgane entsteht und die darunter liegenden Gewebe schützt.
kosmopolitisch	Verbreitung von Pflanzen, deren Areal sehr große Teile der Erde umfasst.
kreuzgegenständig	Besondere, gegenständige Blattstellung, bei der das Blattpaar des nächsten Knotens senkrecht zur Richtung des Vorausgehenden steht.
Kreuzung	Vereinigung zweier Keimzellen (männlicher und weiblicher) mit verschiedenem Erbgut. Auch als Bastardierung bezeichnet.
Kronblätter	Blütenblätter des inneren Kreises einer doppelten Blütenhülle (mit Kelch), die oft auffällig gefärbt sind.
Kronentraufe	Bereich des Tropfwassers aus Baumkronen.
Kulturfolger	Tier- und Pflanzenarten, die in unmittelbarer Nähe des Menschen leben.
lanzettlich	Blattform, bei der die Blätter drei- bis viermal so lang wie breit sind und zugespitzte Enden haben.
Lichtkeimer	Pflanzen, deren Samen unter Lichteinwirkung keimen.
Lichtpflanze/Lichtbaum	Pflanze, die zum Gedeihen Freistand, also relativ hohe Lichtmengen benötigt.
Lindwurm	Fabelgestalt, Mischung aus Drache und Wurm.
Mark	Teil des Grundgewebes einer höheren Pflanze, der innerhalb des Gefäßringes liegt und aus lebenden oder aus frühzeitig absterben Zellen besteht.
Mineralstoffe	Aschebestandteile, unverbrennbare Teile einer Pflanze. Mineralien sind chemische Grundstoffe oder Verbindungen der Elemente, die als anorganische Bildungen in der Natur vorkommen.
montan	Verbreitung von Pflanzen in der Gebirgsstufe der Mittelgebirge.
Mykorrhiza	Das unmittelbare Zusammenleben von Pilzen mit Wurzeln der höheren Pflanzen. Wesentlich für die Mykorrhiza ist der gegenseitige Stoffaustausch der Partner, welcher in den meisten Fällen zu gegenseitigem Nutzen erfolgt.
Nachtfalter	Allgemeine Bezeichnung für abends und nachts fliegende Schmetterlinge.
Nadelpolster	Bei Nadelbäumen ein den Zweigen aufsitzender Wulst, der das Nadelblatt trägt.
Nährstoffzeiger	Pflanzenarten, die auf hohe Nährstoffkonzentrationen des Bodens am Standort hinweisen.
Narbe	Oberster Teil der weiblichen Organe in Blüten (d.h. des Fruchtknotens).

Nässehafter	Pflanzensamen, die unter feuchten Bedingungen an vorbeistreifenden Tieren haften bleiben und so verbreitet werden.
Nebenblätter	Kleine schuppen- oder zähnchenförmige Bildungen am Grund der Blättchen gefiederter Laubblätter.
Nektar	Wässrige Lösung verschiedener Zuckerarten, denen geringe Mengen anderer organischer Verbindungen, vor allem Duftstoffe, beigemischt sind.
Niederwald	Durch Stock- und Wurzelausschlag verjüngter Wald.
Ödem	Schmerzlose, nicht gerötete Schwellung, infolge der Ansammlung wässriger Flüssigkeit in Gewebespalten.
Ökosystem	Offenes, zur begrenzten Selbstregulation und biologischen Reproduktion fähiges, relativ abgegrenztes raumzeitliches Wirkungsgefüge zwischen zusammenlebenden Organismen und ihrer anorganischen Umwelt.
Ölkörper	Besondere ölhaltige Strukturen im pflanzlichen Gewebe.
organisch	Lebendig, die Organe oder einen Organismus betreffend, nur in Organismen vorkommend.
organische Säuren	Organische, saure Verbindungen, die teils frei vorliegen, teils an andere Verbindungen gebunden vorkommen.
Oxalsäure	„Kleesäure", saure Verbindung die in zahlreichen Pflanzen vorkommt und in großen Mengen giftig wirkt.
oxidativer Stress	Negativer Einfluss von hochreaktiven Sauerstoffmolekülen (Radikale) auf Körperzellen.
Pektin	Gemisch von hochmolekularen Kohlenhydraten als quellbare Substanz aus der Zellwand der Pflanzen. Ein pflanzliches Dickungsmittel, welches zum Beispiel im Gelierzucker vorkommt.
Pektinsäuren	Säuren des Pektins.
Pfahlwurzel	Wurzelsystem mit einer deutlichen Hauptwurzel, die vertikal abwärts gerichtet ist und kleinere Seitenwurzeln trägt.
Pflanzengesellschaft	Dauerhafter Typ einer umweltabhängigen Kombination von Pflanzenarten und -individuen, die untereinander im Wettbewerb stehen und dadurch ein Gleichgewicht erzeugen.
pharmazeutisch	Die Wirkung als Arzneimittel (Veränderungen, die im lebenden Organismus hervorgerufen werden) betreffend.
photosensibilisierend	Das Auftreten von Hautveränderungen nach Lichteinwirkung hervorrufend.
Photosynthese	Physiologischer Prozess, bei dem aus anorganischen Stoffen unter katalytischer Mitwirkung des Blattgrüns und unter Ausnutzung der Sonnenenergie organische Stoffe (Kohlenhydrate) aufgebaut werden.
pH-Wert	Wert für die Menge der freien Wasserstoffionen in einem Liter Wasser bei bestimmter Temperatur.

Phytomedizin	Heilkunde auf Basis von Pflanzenpräparaten.
Pigment	Granulärer, d.h. in körnchenform vorliegender Farbstoff.
Pinen	Pflanzlicher Abwehrstoff, welcher sich aus dem ätherischen Öl einiger Koniferen isolieren lässt.
Pionier/Pionierpflanzen	Pflanzenarten, die als erste in neue Gebiete oder noch unbesiedeltes Gebiet vordringen.
Pionierstandort	Unbesiedelter Standort.
Pollen	Blütenstaub. Gesamtheit der männlichen Keimzellen der Pflanzen.
Pollinene	Chemisch überaus widerstandsfähige, nur unter Sauerstoffeinwirkung zerlegbare Substanzen in der Wand von Pflanzenpollen.
Pollinosis	Erkrankung durch die Inhalation von oder durch Hautkontakt mit Pollen.
Population	Fortpflanzungsgemeinschaft aus Individuen einer Art, die in ihrer erblichen Beschaffenheit nicht völlig gleich, aber kreuzbar sind.
prähistorisch	Der vorgeschichtlichen Zeit angehörend.
Quellflur	Lockerer Bestand feuchtigkeitsliebender Gewächse am Rande von Bächen und Quellen.
Rhizom/Rhizomstock	Unterirdische, mehr oder weniger verdickte Sprossachse, die sich durch Vorhandensein von meist schuppenartigen Blättern und durch ihre Gliederung deutlich von Wurzeln unterscheidet. Rhizome speichern häufig Stärke oder dienen der vegetativen Vermehrung.
Rispe	Zusammengesetzte Traube oder traubenartiger Blütenstand dessen Nebenachsen ebenfalls Trauben bilden.
Röhrenblüten	Blüten der Korbblütler mit regelmäßigem, fünfzähligem Saum.
Rosette	Spross mit gestauchten Sprossachsenabschnitten und daher sehr dicht stehenden Blättern.
Ruderalstelle	Unter dauerndem menschlichen Einfluss stehende, ursprünglich oder zeitweise pflanzenarme, meist verhältnismäßig nährstoffreiche Standorte mit stark schwankender Bodentemperatur und -feuchtigkeit.
Saccharose	Rohr- und Rübenzucker aus einem Molekül Traubenzucker und einem Molekül Fruchtzucker.
Salizylsäure	Stoff mit fiebersenkender, schmerzstillender und entzündungshemmender Wirkung.
Samenpflanzen	Hochentwickelte Sprosspflanzen, die sich durch den Besitz von Blüten und durch die Bildung von Samen auszeichnen.

Sammelsteinfrucht Frucht mit einem äußeren fleischig-saftigen und einem inneren, erhärteten Fruchtwandteil, bei der zahlreiche Fruchtblätter durch Verwachsung zu einer Verbreitungseinheit verbunden sind.

Saponine Pflanzenstoffe, die aufgrund ihres Seifencharakters als Fraßschutz dienen.

sauer Säuren enthaltend. Lösungen mit einem pH-Wert kleiner als 7.

Säuren/Pflanzensäuren Stoffe, die durch Metalle zersetzbaren Wasserstoff enthalten, sich mit Basen zu Salzen und Wasser neutralisieren und, wenn löslich, in wässriger Lösung saure Reaktion zeigen.

Säurezeiger Pflanze, deren Vorkommen auf einen sauren Untergrund des Standortes hinweist.

Scheibenblumen Blütenstände von Pflanzen, deren Einzelblüten einen scheibenartig-flachen Blütenstand ausbilden.

Scheibenblüten Die inneren, auf der Fläche des Körbchens stehenden Blüten der Korbblütengewächse.

Scheinähre Gedrängt rispiger Blütenstand mancher Gräser, bei dem die Ährchen an der Zentralachse kurz gestielt sind.

Scheinfrucht Fruchtstand, der morphologisch scheinbar eine Einheit bildet.

Scheinquirl Zu einem scheinbaren Blattquirl genäherte Blätter.

Schirmchenflieger Pflanzensamen, die mit einem kleinen Haarkranz versehen sind und mittels diesem über den Wind verbreitet werden.

Schlagflur Auf Kahlschlägen sich einfindende Pflanzengesellschaft.

Schleimstoffe Vielfachzucker, die meist in der Zellwand der Pflanzen vorkommen und die mit Wasser dickflüssige Lösungen ergeben.

Schote Mehrsamige Kapselfrucht aus zwei Fruchtblättern, die sich klappig von den Rändern ablösen.

Schulmedizin Allgemein anerkannte und an den Hochschulen im Sinne einer Naturwissenschaft gelehrte Medizin.

Skorbut Vitaminmangelkrankheit (Vitamin C).

Sekundärstandort Pflanzenstandort, der durch die Einwirkung des Menschen entstanden ist.

Selbstbefruchtung/-bestäubung Befruchtung von Blüten durch ihren eigenen Pollen.

Senföle Pflanzenstoffe der Kreuzblütengewächse zur Abwehr von Fraßfeinden.

Signaturenlehre Mittelalterliche Irrlehre, nach welcher jede Pflanze von Natur aus äußerliche Zeichen zu ihrem Gebrauch für den Menschen trägt.

sommeranuell Pflanzen, die in der selben Vegetationsperiode keimen und fruchten.

sommergrün Pflanzen, deren Laubblätter nur während einer Vegetationsperiode aktiv sind.

Sorbitol Zuckeralkohol, der Zwischenprodukt bei der Umwandlung von Fruchtzucker in Traubenzucker ist.

Spaltfrüchte Zerfallende Früchte, bei denen die Teilfrüchtchen sich durch Spaltung der Fruchtzwischenwände trennen.

Spaltöffnungen Öffnungsstellen in der äußersten Zellschicht bei Pflanzen, die von zwei Schließzellen umgeben sind.

Sporenpflanze Pflanzen, die ungeschlechtliche Keim- und Fortpflanzungszellen bilden.

Stärke Unlösliches Kohlenhydrat verschiedener Pflanzen, das als Speicherstoff gebildet wird.

Staubblätter Pollen erzeugende Blattorgane der Blütenpflanzen.

Steinkern Innerer harter Teil einer Frucht mit fleischigem äußeren Mantel, der im Boden als Fossil erhalten bleibt.

Sterole Klasse von Regulationsstoffen im pflanzlichen, mikrobiellen, tierischen und menschlichen Organismus.

Stickstoffzeiger Pflanzen, deren Vorkommen stickstoffhaltigen Boden anzeigt.

Symbiose Zusammenleben verschiedener Organismen in einer Lebens- oder Ernährungsgemeinschaft.

Systematik Verwandtschaftsforschung.

Terpentin Sammelbezeichnung für die Harzbalsame der Koniferen.

tiefgründig Boden ohne steinigen Untergrund, bis in große Tiefen von den Pflanzen zu durchdringen.

tonisch Kräftigend.

Torf Ablagerung abgestorbener Pflanzenteile mit hohem Anteil organischer Masse, die unter Luftabschluss durch Wasser einer geringen Zersetzung unterlag.

Toxikologie Lehre von der Giftigkeit u.a. der Pflanzen.

Tragblätter Blätter, aus deren Achsel Seitenzweige oder Blüten hervorgehen.

Transpiration/ transpirieren Dampfförmige Wasserabgabe, besonders über die Blätter.

Traube Ein Blütenstand, bei dem die Hauptachse weiterwächst und seitlich in ansteigender Folge eine Vielzahl von gestielten Blüten entwickelt.

Trittrasen Grasfläche, die durch starke mechanische Trittbeanspruchung entstanden ist.

Trockenlandpflanze Pflanzenart, welche wasserarme Standorte bevorzugt.

Trugdolde Blütenstand, dessen Einzelblüten wie bei einer Dolde annähernd in einer Ebene liegen, obgleich die Blütenstiele nicht von demselben Punkt ausgehen.

Umtriebszeit Wirtschaftliche Nutzungsdauer eines Forstbestandes.

unpaarig	Blattfiederung, bei der ein Endblättchen auftritt.
unterbrochen gefiedert	Gefiedertes Blatt mit größeren und kleineren Fiederabschnitten in regelmäßigem oder unregelmäßigem Wechsel.
vegetativ	Ungeschlechtlich, das heißt ohne Verschmelzung von Keimzellen.
Vitamine	Wirkstoffe der Nahrung, die meist von außen zugeführt werden müssen und deren Fehlen Mangelkrankheiten verursacht.
Volksmedizin	Heilverfahren, die auf überlieferten volkstümlichen Vorstellungen von den Krankheitsursachen und Körperfunktionen beruhen.
wechselständig	Blattstellung, bei der die Blätter einzeln am Knoten stehen.
Wurzelbrut	Aus Wurzeln hervorgehende Sprosse.
Wurzelstock	Unterirdische, mehr oder weniger verdickte Sprossachse, die sich durch Vorhandensein von meist schuppenartigen Blättern und durch ihre Gliederung deutlich von Wurzeln unterscheidet (Rhizom).
Zapfen	Blüten oder Blütenstände von Ährenform mit verholzenden Tragblättern und verholzender Achse.
Zeigerpflanze	Pflanzenarten, die zur ökologischen Bewertung von Umweltparametern verwendet werden.
zirkumpolar	Verbreitung im Tundrengebiet der nördlichen Erdhalbkugel.
Zungenblüten	Blüten der Korbblütengewächse mit einseitig zungenförmig verlängertem Saum.
zweihäusig	Weibliche und männliche Geschlechtsorgane befinden sich auf getrennten Pflanzen.
zweizeilig	Blattstellung, bei welcher die Blätter in zwei Längsreihen übereinander stehen.

Bildnachweis

Die Tafeln stammen aus folgenden Werken:
Schlechtendahl, D.F.L.v., L.E. Langethal & E. Schenk (1880): Flora von Deutschland. 5. Auflage. Gera-Untermhaus: Verlag von Fr. Eugen Köhler. Zeichnungen von Ernst Schrenk, Jena (1796-1859) sowie Walther Müller, Gera (1833-1887).

Sauerklee, Wiesenknöterich, Spitzwegerich, Sauerampfer, Eberesche, Brennnessel, Heidelbeere, Vogelmiere, Gänseblümchen, Stinkender Storchschnabel, Ackerschachtelhalm, Taubnessel, Rosskastanie

Thomé, O.W. (1886-1888): Thomés Flora von Deutschland, Österreich und der Schweiz in Wort und Bild für Schule und Haus. Gera-Untermhaus: Verlag von Fr. Eugen Köhler. Zeichnungen von Walther Müller.

Knoblauchsrauke, Schwarzerle, Hängebirke, Heidekraut, Hirtentäschel, Wiesenschaumkraut, Haselnuss, Weißdorn, Weidenröschen, Mädesüß, Walderdbeere, Esche, Gundermann, Johanniskraut, Giersch, Pestwurz, Gänsefingerkraut, Heckenrose, Brombeere, Frauenmantel

Köhler, E. (1887-1898): Köhlers Medizinalpflanzen in naturgetreuen Abbildungen mit kurz erläuterndem Text: Atlas zur Pharmacopoeia germanica, austriaca, belgica, danica, helvetica, hungarica, vossica, suecica, neelandica, British pharmacopoeia, zum Codex medicamentarius, sowie zur Pharmacopoeia of the United States of America. Hrsg. v. G. Pabst. Bände 1-3. Gera-Untermhaus: Verlag von Fr. Eugen Köhler. Zeichnungen von Walther Müller.

Wildapfel, Beifuß, Eiche, Fichte, Himbeere, Holunder, Huflattich, Kiefer, Linde, Löwenzahn, Quecke, Schafgarbe, Stiefmütterchen

Alle Fotos: Kay Meister.

Legende

Ökologie der Pflanze

Standort und Verbreitung der Pflanze im Erzgebirge

Die Nutzung der Pflanze als Hausmittel,
in der Industrie und Landwirtschaft

Die Pflanze und ihre medizinische Bedeutung

Historische Bedeutung und Mythologie der Pflanze

Impressum:
Herausgeber und Gesamtherstellung:
Druck- und Verlagsgesellschaft Marienberg mbH
Industriestraße 7, 09496 Marienberg
www.buecher-aus-dem-erzgebirge.de

Printed in Germany 2007

ISBN 978-3-931770-70-9